Para minhas filhas *Fernanda, Renata, Carolina, Helena*

MORACY DO VAL

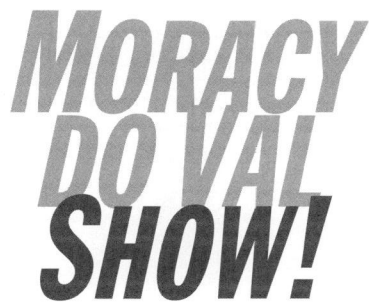

CELSO SABADIN E FRANCISCO UCHA

São Paulo
2019

Copyright © 2019 Moracy do Val
Distribuído por WMF Martins Fontes

Todos os direitos reservados. Nenhuma parte deste livro pode ser reproduzida sem o consentimento prévio, por escrito, dos autores e de Moracy do Val, exceto por breves citações, desde que citada a fonte. A reprodução não autorizada constitui violação de direitos autorais garantidos pela Lei 9.610/98

Projeto gráfico e edição final: Francisco Ucha
Revisão: Celso Sabadin, Conceição Ferreira e Carolina Bressane
Revisão final: Marcos Eduardo Massolini
Capa: Leonardo Bussadori e Francisco Ucha.

1ª edição 2019

Dados Internacionais de Catalogação na Publicação (CIP)
Câmara Brasileira do Livro, SP, Brasil

Sabadin, Celso; Ucha, Francisco
   Moracy do Val show! / Celso Sabadin e Francisco Ucha.
   – São Paulo: Editora WMF Martins Fontes, 2019.

   ISBN 978-85-469-0239-2

   1. Diretores e produtores de cinema - Brasil - Biografia 2. Diretores e produtores musicais - Brasil - Biografia 3. Jornalistas - Brasil - Biografia 4. Val, Moracy Ribeiro do I. Ucha, Francisco. II. Título.

18-22007   CDD-070.92

Índices para catálogo sistemático:
1. Jornalistas : Biografia e obra 070.92
Cibele Maria Dias - Bibliotecária - CRB-8/9427

Dedico este livro também à minha grande
família: os *Ribeiro do Val*, os *Flud*, os *Babo*,
os *Pereira de Almeida* e os *Gomes da Cruz*.
E a Ronaldo Bôscoli.
Um especial agradecimento à minha filha,
a designer Fernanda do Val, pela preciosa
colaboração nos bastidores.

O biografado

MORACY DO VAL SHOW!

Celso Sabadin e Francisco Ucha

Introdução
O Inorganizável
13
Superlativo
15
Pontos de Partida
18

Capítulo 1
Moracy do Val, Quem é você?
20

Capítulo 2
Secos & Molhados: O Ponto Alto
72

Capítulo 3
O Meteoro e a Imprensa
100

Capítulo 4
Histórias espetaculares
134

Capítulo 5
Epílogo
162
Índice Remissivo
182
Crédito das imagens
189

Sumário

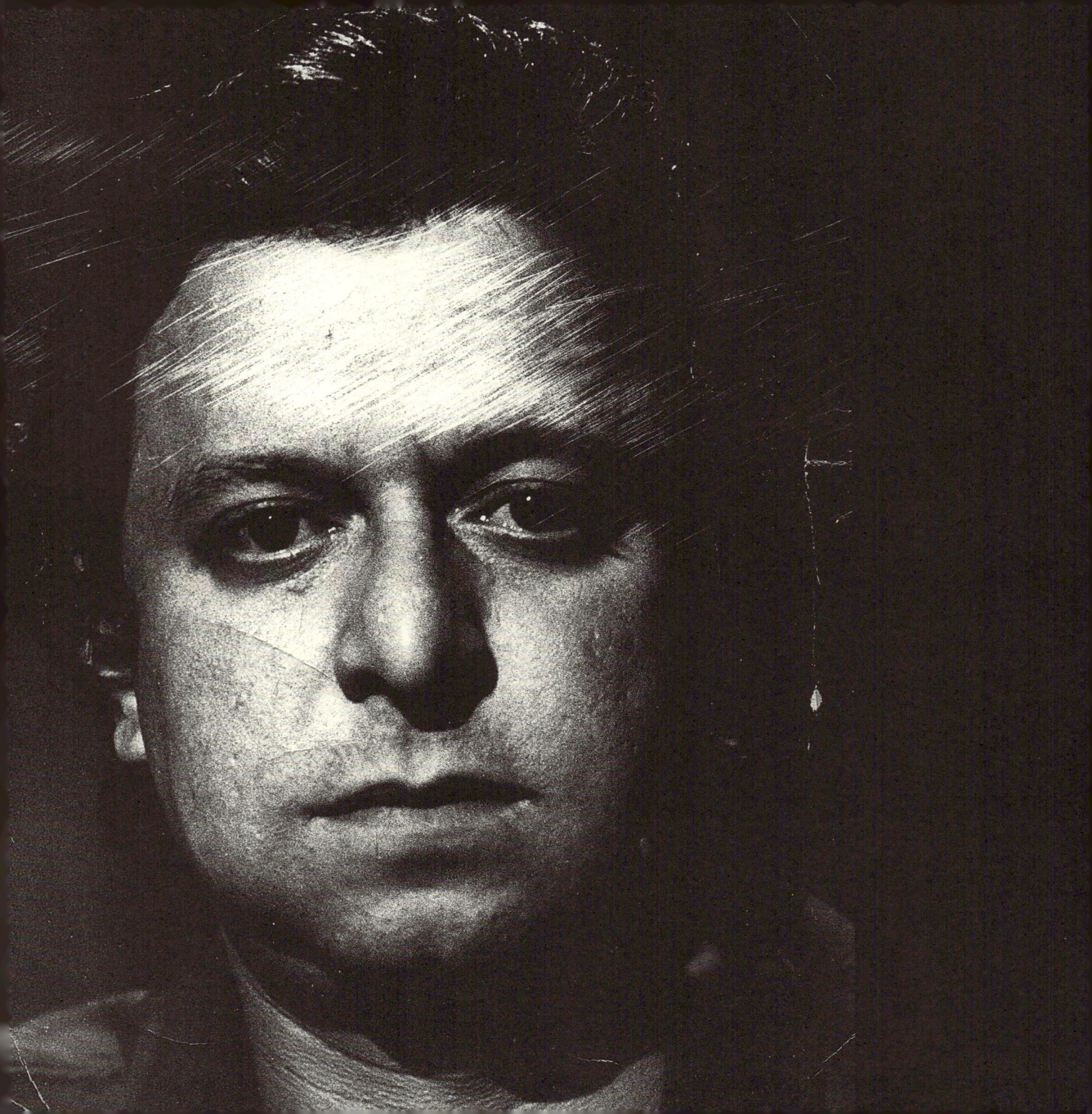

Introdução

O INORGANIZÁVEL

CONHECI MORACY DO VAL NOS ANOS 80, ÉPOCA EM QUE AMBOS TRABALHÁVAMOS NO MERCADO DE VHS. Já existe toda uma geração que sequer sabe o significado disso, mas lá vai: VHS é *Video Home System*, também conhecido como fitas domésticas de vídeo, ou o pai do DVD. Então proprietário da distribuidora de VHS Reserva Especial, Moracy me contratou como seu assessor de imprensa. Meu trabalho era convencer os jornalistas especializados que os títulos lançados por ele mereciam destaque eu suas pautas. Não era muito difícil, já que a Reserva Especial lançava filmes sempre muito bem-vindos. Difícil mesmo era conseguir trocar uma frase inteira com Moracy. Frase inteira, daquelas com sujeito, verbo, predicado e, se possível, alguns adjuntos verbais ou adnominais. É difícil fazer isso com quem mal consegue ficar sentado em sua cadeira, que a cada nova ideia ou novo pensamento se levanta, procura livros na estante, documentos na gaveta, papeis em pastas e inspirações na janela.

Moracy é assim: uma fonte ininterrupta de criatividade cuja inquietação contagia a todos ao seu redor. É como se as ideias saltitassem dentro dele. E talvez saltitem. Uma figura ímpar, dono de uma cultura vastíssima e de um bom humor inesperadamente ferino.

Com o desaparecimento do VHS, perdemos o contato para, alguns pares de anos depois, voltarmos a trabalhar juntos no filme *O Menino da Porteira* versão 2009. Já na era digital, ele continuava idêntico ao Moracy dos tempos das fitas de vídeo. Ativo, plugado, antenado, ligado não no 220, mas talvez no

440. Trabalhamos juntos da pré-produção ao lançamento do filme, sempre em sintonia com o entusiasmo que ele dissemina. Um entusiasmo que, como um vírus do bem, Moracy me inoculou ao me desafiar a roteirizar e dirigir meu primeiro longa-metragem, o documentário *Mazzaropi*, coisa que eu pensava ser incapaz de fazer. Até ele me provar o contrário.

Veio depois um outro desafio: que eu escrevesse sua biografia. Sinistro. Seria eu capaz de organizar, em texto, a história do inorganizável Moracy? Após tentar várias formulações, acabei optando pelo formato da entrevista, o único que se mostrou viável para expor, pelo menos em parte, os pensamentos, as ideias, as histórias e os casos de mais de meio século de jornalismo e produção cultural brasileiros. Histórias e casos que mostram que Moracy foi muito, muito mais que "apenas" o descobridor do grupo *Secos & Molhados*. O resultado está aí, organizado sob a forma de perguntas, risadas e respostas.

Certamente um único livro não é suficiente para expor toda a grandeza e a complexidade de Moracy do Val. Trata-se apenas de um registro de quem ajudou a fazer a história da cultura deste país. Mesmo porque, com o perdão da rima involuntária, Moracy é uma daquelas pessoas que não cabem nem em si. Quanto mais num livro.

CELSO SABADIN

SUPERLATIVO

DESCOBRI QUE MORACY DO VAL ERA JORNALISTA E TINHA SIDO O RESPONSÁVEL PELO ENORME SUCESSO DOS SECOS & MOLHADOS, somente quando Celso Sabadin sugeriu que o *Jornal da ABI* publicasse uma entrevista com ele. "Mas, Celso, o que o Moracy tem a ver com imprensa?", perguntei. "Tudo!", me respondeu, explicando que ele já tinha sido repórter e colunista do jornal *Última Hora*, de São Paulo, e do *Notícias Populares*, e que havia lançado o grupo musical que revolucionou a MPB no início dos anos 70.

Só para contextualizar, eu era editor do *Jornal da ABI* havia nove anos, juntamente com o notável jornalista Maurício Azêdo. Celso Sabadin fazia parte da seleta equipe de jornalistas que escrevia para a publicação. E, de fato, a entrevista com Moracy do Val – que foi a base inicial para a edição deste livro – foi publicada em dezembro de 2013 (dois meses antes, Azêdo havia falecido e alguns meses depois a publicação seria cancelada pelo presidente recém eleito da entidade).

Naquela reportagem, Celso descortinou um personagem inesperado. Já conhecia Moracy há 20 anos, do mercado de cinema e vídeo, mas nunca soubera dessa sua vida: agitador cultural, jornalista, homem de teatro, ator, dono de circo. Por trás de sua pacata vida como empresário, existia muita história a ser contada. Mais do que ser "o inventor dos *Secos & Molhados*", como *O Pasquim* o identificou em agosto de 1974, Moracy foi produtor de programas de televisão, colunista da *Última Hora*, trouxe grandes nomes do jazz para tocar no Brasil, criou um circo no qual apresentou peças de teatro, desafiou a censura do regime militar, lançou grandes músicos; foi um verdadeiro showman!

Eu e Celso Sabadin trabalhávamos para diversas empresas do dinâmico mercado de vídeo brasileiro, desde o surgimento dos primeiros videoclubes no Brasil. A Reserva Especial, empresa fundada por Moracy e seu sócio, Carlos Raele, era considerada pelos empresários e profissionais do mercado como um ponto fora da curva. Enquanto a concorrência, em geral, buscava lançar produções recentes de cinema, a Reserva optava por filmes bastante populares que normalmente não atraiam o interesse da concorrência. Foi assim que, além de lançar as produções do próprio Moracy, como o grande sucesso cinematográfico *O Menino da Porteira*, a empresa mirava na filmografia de *Mazzaropi* e de *Teixeirinha*, por exemplo. Enquanto o mercado torcia o nariz para essa inusitada estratégia, Moracy e Raele faturavam alto, mas guardavam essas informações a sete chaves. Além de filmes nacionais, a empresa também investia seu fôlego em faroestes italianos e filmes chineses de artes marciais.

Comecei a trabalhar na Reserva Especial no começo dos anos 90, justamente quando a empresa passou a incrementar seu catálogo com clássicos notáveis do cinema e com os famosos seriados de heróis japoneses, como *Ultraman*. Foi nessa época que conheci este personagem vibrante e ousado, e nos tornamos grandes amigos. Moracy queria atualizar a qualidade visual do material gráfico da empresa, e esse seria o meu desafio. Nessa fase lançamos filmes como *Cleópatra*, superprodução de Cecil B. de Mille, com Claudette Colbert; *Gritos e Sussurros*, de Ingmar Bergman; *Copacabana*, com Carmen Miranda e Groucho Marx; *O Médico e o Monstro*, com Fredric March; *Anna Christie*, com Greta Garbo; *Um Dia Muito Especial*, com Marcello Mastroianni e Sophia Loren; além de comédias dos Irmãos Marx e do cinema mudo (Harold Lloyd e *Comedy Capers*); aventuras como *A Marca do Zorro*, com Alain Delon, e Tarzan, com Johnny Weissmuller e Lex Barker; e o terror de *O Corvo*, de Roger Corman; *Halloween*, de John Carpenter, e *O Massacre da Serra Elétrica*, de Tobe Hooper.

Isso tudo sem esquecer, é claro, o DNA da Reserva Especial, do qual faziam parte os faroestes e épicos italianos *Django*, com Franco Nero, e *O Colosso de Roma*, com Gordon Scott; e sucessos nacionais como *Estrada da Vida*, de Nelson Pereira

O filme de Ettore Scola foi um dos destaques da Reserva Especial.

dos Santos, sobre a dupla sertaneja Milionário e José Rico; e *A Marvada Carne*, produção de Claudio Kahns, com Fernanda Torres, além de, obstinadamente,

finalizar o lançamento de toda a filmografia de Mazzaropi e colocar no mercado clássicos da Vera Cruz como *O Cangaceiro*, *Tico-Tico no Fubá* e *Floradas na Serra*. Somente por esse trabalho realizado na Reserva Especial, como produtor de cinema, e por ter criado, juntamente com Cyro del Nero, a primeira feira do mercado de vídeo no Brasil – a Video Trade Show –, Moracy do Val já deveria ser lembrado como um dos maiores empresários do ramo cinematográfico no país. Mas, ele não fez só isso, como você verá neste livro. Ele foi brilhante, tanto como jornalista quanto como realizador de eventos, sempre apoiando o artista e a cultura nacional.

Mazzaropi, o astro do cinema caipira, num de seus melhores filmes, *Jeca Tatu*, e a capa do filme *Tico-Tico no Fubá*.

Infelizmente, só tomei conhecimento dessa grande história 20 anos depois de conhecê-lo. Modesto e sempre pensando em projetos para o futuro, Moracy não vivia se vangloriando do passado. E nunca havia me contado suas aventuras no showbiz brasileiro: em sua juventude, ele foi ator e participou da criação, em 1958, do grupo Oficina, que originou o Teatro Oficina; criou o programa *Ensaio Geral* para a TV Excelsior; trouxe Duke Ellington, Oscar Peterson, Antonio Gades e outros grandes nomes internacionais para se apresentarem no Brasil; participou do juri do Troféu Imprensa, nos anos 60; montou espetáculos como *Godspell*, com Antônio Fagundes; *Brasileiro Profissão Esperança*, de Paulo Pontes; e *Camasutra*. Lançou Jorge Mautner, Guilherme Arantes e Moto Perpétuo; produziu shows com Adoniran Barbosa, Belchior, Carlinhos Vergueiro, Novos Baianos, Arrigo Barnabé. E fez um trabalho de marketing e divulgação preciso para lançar um dos maiores fenômenos da MPB.

Inquieto, apaixonado pela cultura brasileira, cheio de vida, superlativo, Moracy do Val é tudo o que o Brasil deveria ser.

FRANCISCO UCHA

PONTOS DE PARTIDA

Depoimentos de PAULO GARCIA, o Peninha, que foi 'escudeiro', faz-tudo de Moracy desde o início dos *Secos & Molhados*, e de JURACY DE ALMEIDA, seu assistente pessoal.

"Eu, que era apenas um garoto que, como tantos outros, amava os Beatles e os Rolling Stones, já tinha me mudado da Rua Pires do Rio, na Mooca, onde vivi até quase os meus vinte anos. Lá, ainda menino, vi passar diante dos meus olhos o melhor futebol do mundo, no campo do Juventus na Rua Javari, que era pertinho de casa. Tinha também sofrido um acidente de carro, onde bati com a cabeça, o que me deixou meio sequelado até hoje. Já tinha passado pelo Itaim Paulista, onde fomos morar para fazer companhia nos últimos meses de vida de meu pai. Voltamos para o reduto onde fui criado: Brás, Mooca, Belenzinho e adjacências. Eu, minha mãe e mais seis irmãos nos amontoávamos num cubículo de quarto e sala mínimo, dentro de um casarão verde, na rua Dr. Clementino, e, finalmente moramos num apartamento melhor, de sala, dois quartos e cozinha, na Rua Toledo Barbosa. Esses dois últimos endereços foram varridos do mapa por um terminal de ônibus e a estação Belenzinho do metrô.

Tinha acertado os treze jogos do teste 118, primeiro grande recorde de arrecadação da novata loteria esportiva. Eu... e mais de doze mil pessoas, o que rendeu a bagatela de 1.580 cruzeiros de prêmio para cada acertador. Foram só doze horas de felicidade.

Estava saindo com uma paquera que estudava inglês ali no centro, e um dia, indo encontrá-la, percebi, na Rua Vinte e Quatro de Maio, uma escola de artes: Contemporânea Escola de Artes. Pesquisei os cursos e descobri algo que muito me interessou, o Teatro.

Com parte do dinheiro da loteria fiz minha matrícula no curso, e, em poucos meses, fui convidado pelo meu professor de dicção vocal, Paulo Hesse, para atuar e ajudar na produção da montagem daquela que seria minha estreia nos palcos, o verdadeiro prêmio da minha vida. *Lúcia Elétrica de Oliveira* era o nome da peça, da Claudia de Castro. Cumprimos uma pequena temporada num teatro da Igreja Nossa Senhora da Paz, ali na Baixada do Glicério, andamos um pouco pelo interior de São Paulo, e, junto com a Dora Heller e seu fusquinha branco, zerado, mágico, onde tive minhas primeiras aulas práticas de volante, saímos vendendo a peça para escolas.

Outra atriz daquela companhia, com quem eu tinha bastante afinidade, era a Eudosia Acuña, que morava na Rua Rocha no bairro do Bixiga, onde passamos várias tardes a conversar. Tanto com a Eudosia, como com a Dora, eu aprendia sobre o teatro e sobre a vida.

Numa daquelas tardes chuvosas e friorentas de Sampa, a Eudosia me fez uma proposta:

– Paulo, meu namorado, o Moracy do Val, está produzindo um conjunto que vai fazer sucesso e ele está precisando de um assistente. O Aldo, nosso colega de elenco, ia pegar o trabalho, mas recebeu uma herança e vai voltar para o interior, e para você, que está começando, é uma boa oportunidade de aprender mais uma possibilidade na profissão. Imediatamente aceitei."

Paulo Garcia (Peninha)

"Conheci o Moracy no final dos anos 60, no Teatro Aquarius, na Rua Rui Barbosa, no Bixiga, onde trabalhei em diversas funções. Uma delas foi como contrarregra das peças *Infidelidade ao Alcance de Todos*, *Jesus Cristo Superstar*, uma nova montagem de *Hair*, e *Godspell*. No decorrer desse tempo me tornei amigo do Moracy e tive a oportunidade de trabalhar com ele como assistente pessoal em outros segmentos do show business. No início dos anos 70, Moracy lançou os *Secos & Molhados*, sem dúvida o grupo mais importante do pop-rock do Brasil.

Moracy sempre se destacou por sua genialidade, muito criativo, visionário, perfeccionista, exigente e imprevisível. Às vezes, temperamental, mas nunca perdeu a elegância. Seus pontos fortes sempre foram o humanismo e a humildade, capaz de pedir desculpas quando se alterava com alguém.

Dono de uma inteligência invejável, saía do nada para a apoteose final. Tudo o que sei, aprendi com ele e com o Guilherme Arantes. É um privilégio fazer parte da vida profissional deles."

Juracy de Almeida

Capítulo 1

Moracy do Val, quem é você?

Notas Explicativas

Ei, calma! Você está começando a ler este livro pela página errada! Como você verá a seguir, optamos por publicar a entrevista com o nosso Moracy do Val somente nas páginas ímpares, reservando as pares para as notas explicativas referentes às palavras grifadas na entrevista. Boa leitura!

- **PINDORAMA**, cidade do interior paulista distante 380 km da capital. Possuía 15 mil habitantes em 2010, de acordo com o censo do IBGE.
- **MARILENA CHAUI** (1941 –), professora de Filosofia, historiadora, autora dos livros *Convite à Filosofia*, *A Nervura do Real*, *Cidadania Cultural* e *Simulacro e Poder*, entre outros.
- **RADUAN NASSAR** (1935 –), escritor e tradutor, autor dos livros *Um Copo de Cólera* e *Lavoura Arcaica*, entre outros.
- **CINEMA PARADISO** (*Nuovo Cinema Paradiso*), filme italiano dirigido por Giuseppe Tornattore em 1988 que fez grande sucesso mundial ao retratar com poesia e romantismo a amizade de um garoto com um projecionista de cinema.
- **OS PERIGOS DE NYOKA** (*Perils of Nyoka*), seriado da Republic Pictures com 15 episódios, produzido para cinema em 1942. Dirigido por William Witney e estrelado por Kay Aldridge, sua personagem título era livremente inspirada em *Jungle Girl*, criação de Edgar Rice Burroughs, o mesmo autor de *Tarzan*. No elenco, Clayton Moore, ator que, dez anos depois, encarnaria o famoso justiceiro mascarado *The Lone Ranger*, conhecido no Brasil como o Zorro das histórias em quadrinhos.
- **IMPÉRIO SUBMARINO** (*Undersea Kingdom*), seriado para cinema, com 12 episódios, produzido pela Republic Pictures em 1936. Dirigido por B. Reeves Eason e Joseph Kane, e estrelado por Ray Corrigan, Lois Wilde e Lon Chaney Jr., o seriado tentava competir com *Flash Gordon*, sucesso da concorrente Universal Pictures.
- **OS TAMBORES DE FU MANCHU** (*Drums of Fu Manchu*), seriado para cinema, com 15 episódios, produzido pela Republic Pictures em 1940. O personagem Doutor Fu Manchu, um gênio internacional do crime, foi criado pelo escritor inglês Sax Rohmer, no início do século 20.
- **TAMBORES DISTANTES** (*Distant Drums*), filme de aventura produzido pela Warner, em 1951, com direção de Raoul Walsh e com Gary Cooper no papel principal.
- **CASEI-ME COM UMA FEITICEIRA** (*I Married a Witch*), comédia romântica produzida em 1942 pela Paramount, com direção de René Clair. Fredric March e Veronica Lake interpretavam o par central.

Kay Aldridge e Clayton Moore em *Os Perigos de Nyoka*, de 1942. Na outra página, cartaz do seriado *Os Tambores de Fu Manchu*.

Moracy do Val, quem é você?

Sou Moracy Ribeiro do Val, nascido na Maternidade São Paulo, na Rua Frei Caneca, capital paulista. Meus avós maternos moravam em São Paulo, mas minha mãe e meu pai moravam em Pindorama, cidade onde também nasceram outras pessoas maravilhosas – não que eu seja maravilhoso – como Marilena Chaui e Raduan Nassar. Embora tenha nascido em São Paulo, cresci em Pindorama. Minha formação é Protestante, ou seja, aprendi a ler muito cedo, frequentei a escola dominical, e conheço razoavelmente bem a Bíblia.

Desde pequeno gosto muito de cinema. Em Pindorama, no Cine Rio Branco, eu ficava cortando e colando pedaços de celuloide do filme na sala de projeção, ajudando o projecionista, Hugo Galo, por sinal também dono do cinema, pai de três lindas filhas pelas quais nós, meninos adolescentes, éramos perdidamente apaixonados.

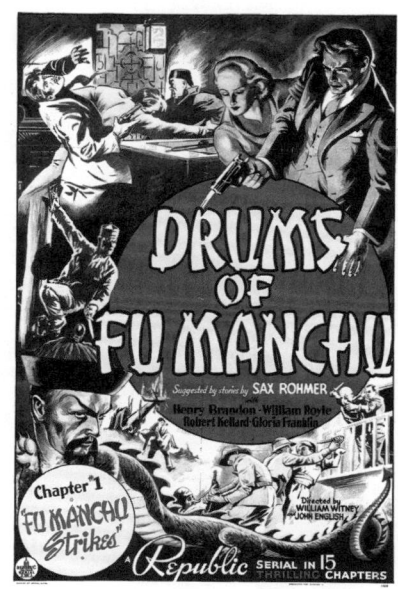

Igual ao filme Cinema Paradiso?

Exatamente: Cinema Paradiso. Era incrível! Eu acho que o dono do cinema era maçom, como o meu pai, e éramos todos amigos; formávamos uma comunidade muito pequena onde todos se conheciam. Foi neste Cine Rio Branco que eu vi filmes que me marcaram muito, desde os seriados de aventura como Os Perigos de Nyoka, Império Submarino, Os Tambores de Fu Manchu, Tambores Distantes, e um filme que para mim é inesquecível: Casei-me com uma Feiticeira, com Veronica Lake. Vi muitos, muitos filmes que me deram uma paixão grande pelo cinema.

Neste mesmo Rio Branco, que foi o cinema da minha infância, anos depois eu, então como produtor, fiz a grande estreia da primeira versão de O Menino da Porteira. Nunca aquele cinema viu tanto público: eram caminhões e caminhões carregados de pessoas que vinham da roça para ver o filme. Quis estreá-lo no Cine Rio Branco, da minha Pindorama, por uma questão afetiva.

- **O Menino da Porteira**, canção clássica da música sertaneja, composta por Teddy Vieira e Luizinho, da dupla Luizinho & Limeira. Gravada originalmente em 1955, sua letra inspirou dois longas metragens homônimos, o primeiro em 1976, estrelado por Sérgio Reis, e o segundo em 2009, com o cantor Daniel. Ambos foram produzidos por Moracy do Val e dirigidos por Jeremias Moreira.
- **Belmonte** (1896 – 1947), nome artístico de Benedito Carneiro Bastos Barreto, caricaturista, pintor, cartunista, cronista, escritor e ilustrador, criador do histórico personagem Juca Pato, representante da classe média paulistana. Perseguido pela ditadura getulista, foi obrigado a concentrar seu trabalho em temas internacionais, tornando-se assim um grande cronista visual da Segunda Guerra. Ilustrou vários livros infantis de Monteiro Lobato, além de escrever crônicas, contos humorísticos e estudos históricos.
- **Flávio Rangel** (1934-1988), diretor teatral, cenógrafo, tradutor e jornalista. Foi diretor do TBC, Teatro Brasileiro de Comédia. Entre vários espetáculos teatrais importantes, assinou as montagens de *Liberdade, Liberdade*, *A Escada*, *A Revolução dos Beatos*, *Édipo Rei*, *A Capital Federal*, *Esperando Godot* e *Piaf*.
- **TBC – Teatro Brasileiro de Comédia**. Fundado em 1948 pelo empresário italiano Franco Zampari, o teatro revolucionou a cena teatral paulistana em particular e brasileira em geral abrindo espaço para grandes talentos tanto brasileiros como internacionais, além de estabelecer um conceito de teatro em equipe, onde cada função era igualmente valorizada, independente das hierarquias tradicionais.
- **Amir Haddad** (1937 –), ator e diretor de teatro, foi um dos criadores do Teatro Oficina, em 1958. Foi diretor do Teatro da Universidade Católica do Rio de Janeiro, e criador dos grupos teatrais A Comunidade e Tá na Rua.
- **Sergio D'Antino** (1937 –), advogado, agente e produtor teatral, conhecido no meio empresarial por agenciar vários talentos artísticos, dos mais diversos segmentos da comunicação.
- **Ipojucan Lins de Araújo** (1926-1978), futebolista, 5 vezes campeão carioca pelo Vasco da Gama, onde marcou 225 gols em 413 jogos. Chegou a atuar pela Seleção Brasileira, e encerrou sua carreira na Portuguesa de Desportos.
- **Modesto Carone Neto** (1937 –), escritor, jornalista e tradutor. Foi professor de literatura na Universidade de Viena, Áustria, na Unicamp e na USP. É considerado o principal tradutor brasileiro da obra de Franz Kafka. Escreveu o romance *Resumo de Ana*, entre outros.
- **Mário Chamie** (1933 – 2011), poeta, intelectual, crítico, nome dos mais importantes do concretismo e do movimento

O famoso personagem Juca Pato, criado pelo caricaturista Belmonte.

EM QUE ANO VOCÊ NASCEU?
Não me lembro, eu era muito pequeno [*risos*]. Foi em 1937. Lembro de ter acompanhado, na *Folha de S.Paulo*, os aliados tomando a Europa e vencendo a 2ª Guerra. Lembro muito bem.

MAS NA ÉPOCA NÃO ERA MAIS COMUM ACOMPANHAR ESTAS NOTÍCIAS PELO RÁDIO?
O rádio era importante, mas eu sempre preferi a mídia impressa ao rádio. Sempre. Meus pais assinavam a *Folha*, e na farmácia de um amigo do meu pai eu lia também no *Estado de S.Paulo* o noticiário sobre a Guerra. Ela trazia gráficos, desenhos sobre os territórios ocupados, o desenrolar do conflito, tudo. Eu gostava muito de ver tudo aquilo, sobretudo as charges do Belmonte.

QUANDO VOCÊ DECIDIU SAIR DE PINDORAMA PARA TENTAR GANHAR A VIDA NA CAPITAL?
Quando fiz 14 anos, eu e meu amigo Munir Hage deixamos Pindorama para estudar em São Paulo, apenas com a cara e com a coragem, sem os nossos pais. Entrei no Colégio Roosevelt, na Rua São Joaquim, que era um dos bons colégios da cidade. Lá fiz grandes amigos, como Flávio Rangel, que também tinha vindo do interior, da cidade de Tabapuã. Rangel era muito culto, e veio a se tornar um dos maiores diretores de teatro do Brasil. Paulo Rangel, irmão dele, já tinha feito teatro no TBC. Conheci Flávio no Roosevelt e depois voltamos a nos encontrar na Faculdade de Direito do Largo São Francisco. Aliás, foi ali na São Francisco que reencontrei outros colegas do Colégio Roosevelt, como Amir Haddad, outro grande diretor de teatro, e Sergio D'Antino, agente e produtor. Já o Munir Hage não seguiu carreira artística e tornou-se um advogado de sucesso.

QUANDO ESTUDAVA NO COLÉGIO ROOSEVELT, VOCÊ MORAVA ONDE?
Numa pensão na Rua São Joaquim, bem em frente ao colégio. O dono da pensão era o Ipojucan, que jogava na Portuguesa, e foi considerado um dos maiores jogadores de futebol que o Brasil já teve. Quando ele entrou em decadência, foi ser dono de pensão.

poesia-práxis. Publicou os livros *Espaço Inaugural*, *O Lugar*, *Os Rodízios* e *Lavra Lavra*, entre vários outros. Foi professor em Harvard, doutor em Literatura, e secretário municipal de Cultura de São Paulo, onde inaugurou o Centro Cultural São Paulo.

• **TEATRO OFICINA**, também conhecido como Teat(r)o Oficina Uzyna Uzona, foi fundado em 1958 na Faculdade de Direito da Universidade de São Paulo. Marco histórico da dramaturgia de vanguarda brasileira, o Oficina abrigou experiências cênicas internacionais, resistiu fortemente à ditadura de 64, e foi palco do lançamento do Tropicalismo. Sofreu um grande incêndio em 1966 e reabriu, reformado, no ano seguinte, com o icônico espetáculo *O Rei da Vela*, dirigido por José Celso Martinez Corrêa, estrelado por Renato Borghi, Itala Nandi e Fernando Peixoto. Após várias reformas ao longo dos anos, foi tombado pelo Condephaat em 1982.

• **JOSÉ CELSO MARTINEZ CORRÊA** (1937 –), diretor, ator e dramaturgo. Foi um dos criadores e é até hoje o diretor do importante Teatro Oficina. Entre suas dezenas de montagens sempre marcadas por muitas polêmicas e sucessos estão *O Rei da Vela*, de Oswald de Andrade, e *Na Selva das Cidades*, de Bertolt Brecht. É um dos profissionais mais atuantes e mais midiáticos do teatro brasileiro.

• **CARLOS QUEIROZ TELLES** (1936 –1993), escritor, poeta, dramaturgo e um dos fundadores do Teatro Oficina, que foi inaugurado com a peça *A Ponte*, de sua autoria. Escreveu as peças *Frei Caneca*, *Muro de Arrimo*, *O Processo de Joana d'Arc*, *Porandubas Populares*, *Vamos Brincar de Papai e Mamãe Enquanto Seu Freud Não Vem*, *A Revolta dos Perus*, *Paulista Revista*, *Banzai Brasil* e várias outras. Para a televisão escreveu episódios das séries *Carga Pesada* e *Malu Mulher*.

• **RENATO BORGHI** (1939 –), ator, diretor e autor teatral, foi um dos fundadores do Teatro Oficina. Fundou também, nos anos 90, o grupo Teatro Promíscuo com Elcio Nogueira Seixas. É presença constante em telenovelas, minisséries e filmes brasileiros.

• **ETTY FRASER** Martins de Sousa (1931 – 2018), atriz de teatro, cinema e televisão, atuou em 17 filmes, sendo *São Paulo S/A* sua estreia nas telas. Na TV, estreou num episódio do clássico seriado *Vigilante Rodoviário*. Seu temperamento alegre e jeito bonachão geralmente lhe renderam papéis cômicos e simpáticos, mas também interpretava personagens dramáticos com grande talento.

• **RONALDO DANIEL**, ator e diretor teatral, um dos fundadores do Teatro Oficina, mudou-se para a Inglaterra em 1964, onde adotou o nome artístico de Ron Daniels. Em 77, foi nomeado diretor artístico do teatro The Other Place Theatre, da Royal Shakespeare Company, e em 91 tornou-se diretor artístico associado da

José Celso Martinez Corrêa nos anos 1960. Foto da exposição *Ocupação Zé Celso* que aconteceu em São Paulo em homenagem a este gênio do Teatro.

QUANDO ENTROU NA FACULDADE DE DIREITO, VOCÊ JÁ IMAGINAVA SEGUIR CARREIRA ARTÍSTICA OU PRETENDIA MESMO SER ADVOGADO?

Foi um caminho natural. Eu podia ter feito Letras também, mas cursar Direito é ótimo porque é um aprendizado para toda a vida: você é preparado para aprender. Na época, como não havia escolas de comunicação, quem tinha alguma inclinação para a poesia, para a escrita, acabava cursando Direito, Letras ou Filosofia. Eram os caminhos naturais. Os grandes poetas brasileiros, tanto os antigos românticos, como mais tarde os modernos concretistas, todos passaram pela Faculdade de Direito do Largo São Francisco, que era o curso de formação maior que tínhamos naquela época. Era uma faculdade muito boa em ciências sociais e humanas.

Convivi com pessoas interessantes e inteligentes, como o poeta Yoji Fujyama, o editor e escritor Wladyr Nader, que fundou a revista *Escrita*, o cineasta Astolfo Araújo, Modesto Carone, e o meu inesquecível amigo Mário Chamie. Modesto sabia alemão perfeitamente, traduziu as obras completas de Kafka. Também foi na São Francisco que Sergio D'Antino, Amir Haddad, Flavio Rangel, eu e outros colegas montamos a peça *O Noviço*, de Martins Pena. Foi a minha turma que fundou ali, em 1958, o grupo Oficina, que originou o Teatro Oficina. Nós montamos duas peças: *Vento Forte para um Papagaio Subir*, de José Celso Martinez Corrêa, e *A Ponte*, de Carlos Queirós Telles, dirigidas por Amir Haddad. Fui um dos intérpretes de *A Ponte*, que foi encenada no final de 1958. Eu fazia um padre franciscano, imagina!

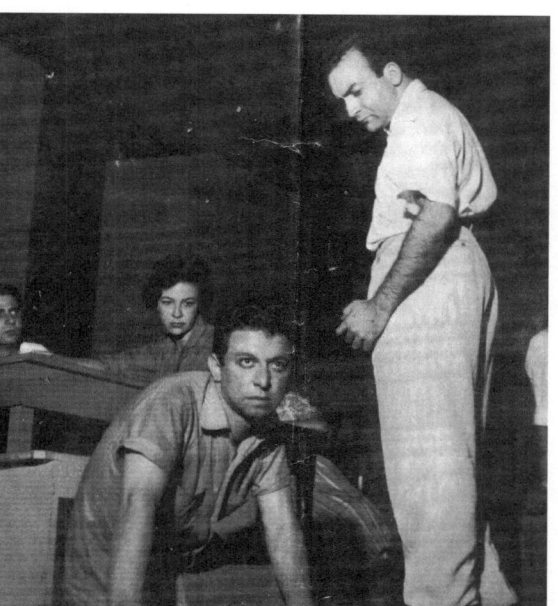

Fauze Arap, Lucia Dultra, Moracy e Edsel Brito em 1960, na montagem de *Fogo Frio*, de Benedito Rui Barbosa, no Teatro de Arena, sob direção de Augusto Boal. Ao lado, Mário Chamie.

VOCÊ NÃO QUIS SEGUIR CARREIRA DE ATOR?

Não, não quis. Eu estava entre o Teatro e o jornalismo e acabei me decidindo pelo jornalismo. Não me arrependo. Acho que eu nunca seria um grande ator. Talvez fosse apenas mais um ator razoável. Além disso eu sempre gostei da função de produtor.

"Foi a minha turma que fundou ali, em 1958, o grupo Oficina, que originou o Teatro Oficina. *Nós montamos duas peças:* Vento Forte Para um Papagaio Subir, *de José Celso Martinez Corrêa, e* A Ponte, *de Carlos Queirós Telles, dirigidas por Amir Haddad.*"

Renato Borghi, Celia Helena, Moracy do Val, Etty Fraser no Teatro Oficina. Ensaio da peça *A Vida Impressa em Dólar*, em 1961. Foto de Fredi Kleeman, que além de grande ator, era o fotógrafo preferido da classe teatral.

Companhia American Repertory Theatre e Diretor do Instituto de Teatro da Universidade de Harvard, nos EUA. Especialista em Shakespeare, dirigiu também obras de Tchekov, Brecht e O'Neill, entre outros.

• **MARCO ANTONIO ROCHA** (1936 –), jornalista especializado em economia e finanças, com passagem pelos principais órgãos de imprensa do Brasil, como *Quatro Rodas*, *Realidade*, *Jornal da Tarde*, TV Cultura, *Gazeta Mercantil*, entre outros. É editorialista de *O Estado de S.Paulo*.

• **ACORDO MEC-USAID** foi uma reforma do ensino brasileiro efetivada dentro de padrões exigidos pelo governo norte-americano. Foi estabelecido entre o Ministério da Educação do Brasil e a United States Agency for International Development, e negociado secretamente durante a ditadura militar. Só veio a público em novembro de 1966, devido a forte pressão popular. Entre as consequências do Acordo estão a obrigatoriedade do ensino da língua inglesa, a retirada do currículo de Filosofia, Latim e Educação Política, além da introdução da matéria Educação Moral e Cívica.

• **UNE – UNIÃO NACIONAL DOS ESTUDANTES**, entidade criada em 11 de agosto de 1937, na Casa do Estudante do Brasil, no Rio de Janeiro, durante o Conselho Nacional de Estudantes. Seu primeiro presidente foi Valdir Borges, eleito em 1939.

• **UEE – UNIÃO ESTADUAL DOS ESTUDANTES DE SÃO PAULO**, entidade de representação estudantil criada em 1949. Seu primeiro presidente foi Rogê Ferreira.

• **JOSÉ SERRA** (1942 –), economista e político, foi líder estudantil e presidente da União Estadual e da União Nacional dos Estudantes de São Paulo. Exilou-se no Chile durante a

Outra peça do Grupo Oficina: Moracy segura um fuzil em cena de *A Engrenagem*, de Jean Paul Sartre.

Quem funda o Grupo Oficina?

Amir, eu, Zé Celso, Renato Borghi, Etty Fraser e Ronaldo Daniel, que depois mudou-se para Londres. Alugamos o Teatro Novos Comediantes, na Rua Jaceguai, que depois se transformou no Teatro Oficina. Mas depois acabei me desentendendo com Renato e Zé Celso.

Por que?

Eu queria fazer um teatro mais político, mais engajado, e eles estavam indo para um outro tipo de teatro mais centrado nos problemas do indivíduo. O Zé veio de Araraquara e o Renato, de São Paulo, e estudou no Colégio São Bento. Mas esse desentendimento foi algo daquela época, daquele momento. Eles eram meus amigos e fizeram um trabalho maravilhoso como atores, autores e diretores. Por outro lado, como eu acabei me dedicando mais ao jornalismo e ao cinema, fiquei sem tempo para me dedicar ao teatro, que é a maior de todas as artes, e que exige exclusividade. Por isso minha paixão incondicional pela gente de teatro. E meus aplausos sinceros ao Zé e ao Renato.

Carteira profissional de repórter do jornal *Última Hora*.

Como foi esta passagem da Faculdade de Direito para o Jornalismo?

Quem me levou para o Jornalismo, mais especificamente para o jornal *Última Hora*, foi Marco Antonio Rocha, do jornal *O Estado de S.Paulo*. Eu ainda era estudante de Direito, estava no final do curso, e já fui direto trabalhar na *Última Hora*. Comecei cobrindo o movimento estudantil, e estas causas bem de esquerda que a *Última Hora* sempre abraçou. Naquele momento, o jornalista da *Última Hora*, além de cobrir, também se engajava de corpo e alma nos movimentos estudantis e sindicalistas. Nós acreditávamos naquilo, e o jornalista entrava junto nas passeatas e nas reivindicações. Quando havia algum tipo de movimento nesta área, eu pedia para o pessoal fazer a passeata na Rua Direita, que era sempre lotada de gente. Então eu levava junto um fotógrafo do jornal e pedia para ele fotografar a manifestação com a Rua Direita no fundo, porque assim sempre parecia que tinha muito povo na rua [*risos*].

ditadura militar. Foi Secretário de Planejamento de São Paulo, deputado federal, senador, Ministro do Planejamento, Ministro da Saúde, Prefeito de São Paulo (2004 a 2006) e governador de São Paulo (2007 a 2010).

• Ricardo **ZARATTINI** Filho (1935 – 2017), engenheiro e ex-deputado federal pelo PT, começou sua militância política nos anos 50. Participou do PCB, PCBR e da ALN. Foi presidente da União Estadual dos Estudantes de São Paulo (UEE). Em 1969, depois de ser preso e torturado pela segunda vez, foi libertado em troca do embaixador americano Charles Burke Elbrick.

• **IGNÁCIO DE LOYOLA** Lopes **BRANDÃO** (1936 –), escritor, jornalista e dramaturgo. Seu primeiro livro foi *Depois do Sol*, de 1966. Foi editor da revista *Planeta* e cronista do jornal *O Estado de S.Paulo*. Com mais de 30 livros publicados, foi vencedor do Prêmio Jabuti por *O Menino que Vendia Palavras*, e do prêmio de Melhor Ficção por *Zero*.

• **RENATO LOMBARDI** (1945 –), jornalista especializado nas áreas de polícia, justiça e segurança. Iniciou sua carreira na *Última Hora*, passou por *Notícias Populares*, *O Estado de S.Paulo*, TV Bandeirantes, e atualmente é comentarista da TV Record.

• **BENEDITO RUY BARBOSA** (1931 –), jornalista e dramaturgo, iniciou sua carreira com a peça *Fogo Frio*, no Teatro de Arena. Sua estreia como autor de telenovelas foi na Tupi, em 1966, com *Somos Todos Irmãos*. Escreveu mais de 30 telenovelas, entre elas *Os Imigrantes*, *Terra Nostra*, *Simplesmente Maria*, *Pantanal*, *Cabocla*, *O Rei do Gado* e *Meu Pedacinho de Chão*.

• Sérgio de Andrade (1928 – 2009), conhecido no setor de comunicações como **ARAPUÃ**, jornalista, publicitário e homem de marketing. Começou a carreira jornalística como repórter e redator de *O Mundo Esportivo*. Atuou no *Diário da Noite* e depois na *Última Hora*, onde assinava a ácida coluna "Ora, bolas!". Como publicitário, conquistou mais de 150 prêmios nacionais e internacionais. É autor dos livros *Ora, Bolas!*, *Como Vencer Eleições Usando TV e Rádio*, e *O Futebol dos Imbecis e os Imbecis do Futebol*, entre outros.

• **ANTÔNIO TORRES** (1940 –), jornalista, publicitário e escritor, estreou na literatura com *Um Cão Uivando para a Lua*, de 1972. Seus 17 livros foram traduzidos em mais de dez países. É membro da Academia Brasileira de Letras.

• Antônio Marcos **PIMENTA NEVES** (1937 –), jornalista especializado nas áreas de economia e política, ex-diretor de redação do jornal *O Estado de S.Paulo*. Ganhou o noticiário policial em 2000 pelo assassinato da namorada e também jornalista Sandra Gomide.

• Francisco **PRESTES MAIA** (1896 – 1965), engenheiro e arquiteto, foi chefe da Secretaria de Viação e Obras Públicas da Prefeitura de São Paulo de 1926 a 1930. Em 38 foi nomeado prefeito da capital paulista pelo então interventor federal Ademar de Barros, cargo que ocupou até 1945. Voltou a ser prefeito da cidade, desta vez pelo voto democrático, em 1961, e mesmo após o golpe de 64 foi mantido na prefeitura, graças ao apadrinhamento

O escritor Antônio Torres foi o ganhador do Prêmio Machado de Assis, em 2000, e do Prêmio Jabuti, em 2007.

Comecei a cobrir os movimento estudantis contra o acordo Mec-Usaid, cobri muitos movimentos secundaristas também, que eram bem fortes. Aquela época estava fervendo com os congressos da UNE e da UEE. Cobríamos todas as passeatas. Foi nesta época que eu conheci José Serra, Zarattini e outros líderes. Foi uma fase muito boa onde a *Última Hora* era realmente o jornal do povo, "uma arma do povo", como eles diziam.

O jovem Moracy do Val de paletó e gravata no tempo em que cursava a Faculdade de Direito.

QUAIS ERAM OS SEUS COLEGAS DAQUELA ÉPOCA, NA ÚLTIMA HORA?

A *Última Hora* sempre formou grandes jornalistas. Tinha o cartunista Otávio, que fez uma charge com a Nossa Senhora negra que deu a maior confusão; Ignácio de Loyola Brandão, escritor mundialmente consagrado; Sílvio de Nardi; Renato Lombardi, um grande repórter policial até hoje; Ziccardi, que foi cônsul; Benedito Ruy Barbosa, que ficou famoso escrevendo novelas para a televisão; David Auerbach, Ramão Portão, Jorge Aguiar, Arapuã, Antonio Torres, Marcos Pimenta, hoje conhecido como Pimenta Neves. Trabalhei com todos eles.

ALÉM DE MOVIMENTOS ESTUDANTIS E SINDICALISTAS, QUAIS ERAM SUAS OUTRAS PAUTAS?

Cobria também a Prefeitura de São Paulo. Peguei as épocas de Prestes Maia, Ademar de Barros e Faria Lima. Eu era repórter fixo da *Última Hora*, mas comecei também a fazer freelancers para outros veículos, como a Rádio Piratininga, Rádio América, *Correio Paulistano*. De repente eu tinha três ou quatro salários, todos pequenos. Eu era um jornalista apaixonado pela redação. Chegava na redação, trabalhava, fazia minhas matérias, voltava para a redação, ficava batendo papo com todo mundo até de noite, político do então governador paulista Ademar de Barros.

• **ADEMAR** Pereira **DE BARROS** (1901 – 1969), aviador, médico, e um dos mais controversos políticos da história recente do Brasil. Foi interventor federal em São Paulo durante o Estado Novo (1938 a 41), período em que construiu, em parceria com o então prefeito Prestes Maia, o Estádio do Pacaembu, o Autódromo de Interlagos, e iniciou a construção do Edifício Altino Arantes, sede do então Banco do Estado de São Paulo (que ele próprio inauguraria em 1949). Também neste período confiscou o jornal *O Estado de S.Paulo*, que só seria devolvido aos seus proprietários em 1945. Acusado de corrupção, foi exonerado do cargo de interventor, mas consegue se eleger para o governo do estado de São Paulo em 1947. Foi prefeito da capital paulista de 1957 a 61, e novamente governador em 1963. Apesar de ter sido um dos articuladores do golpe de 64, é afastado do cargo de governador em 66, pelo presidente Castelo Branco, e tem seus direitos políticos cassados por dez anos, acusado de corrupção. Morreu no exílio, em Paris, em 1969.

• José Vicente de **FARIA LIMA** (1909 – 1969) aviador, militar, engenheiro aeronáutico e político. Foi presidente da Viação Aérea São Paulo-VASP, Secretário de Viação de Obras Públicas de São Paulo, e prefeito da capital paulista de 1965 a 1968, a convite do então governador Carvalho Pinto. Sua gestão foi marcada por obras viárias, com as Marginais Tietê e Pinheiros, Radial Leste, 23 de Maio, e Rubem Berta, além do alargamento e duplicação de várias ruas e avenidas, entre elas a da Rua Iguatemi, que foi posteriormente rebatizada como Avenida Brigadeiro Faria Lima. Extinguiu os bondes, em 1967, e iniciou as obras de construção do Metrô, em 68.

• **CHACRINHA** (1917 – 1988), apelido artístico de José Abelardo Barbosa de Medeiros, um dos maiores ícones da comunicação popular brasileira. Quando era estudante de Medicina, em Recife, foi dar uma palestra sobre alcoolismo na Rádio Clube de Pernambuco, encantou-se pelo mundo das comunicações, e nunca mais o abandonou. Foi locutor da Rádio Tupi do Rio de Janeiro, e aos 26 anos lançou na Rádio Fluminense um programa de músicas carnavalescas batizado de *Rei Momo na Chacrinha*. Passou a ser conhecido como Abelardo Chacrinha Barbosa, e comandou, nos anos 50, o programa de rádio *Cassino do Chacrinha*, onde a sonoplastia produzia os sons de uma grande festa, tentando imitar o lendário Cassino da Urca.

Estreia na televisão em 1956, na Tupi, onde faz os programas *Rancho Alegre* e *Discoteca do Chacrinha*. Transfere-se depois para a TV Rio, tem uma passagem pela TV Excelsior, onde faz *A Hora da Buzina*, e chega à Globo em 67,

Ademar de Barros foi um dos políticos mais caricaturados de sua época. À esquerda, charge de Otávio publicada na *Última Hora*. Abaixo, Chacrinha. Na outra página, Gilberto Gil.

depois saíamos todos juntos para beber de madrugada, acordava às 9 ou 10 da manhã, ainda meio sonado, e já ia pra redação de novo.

SUA VIDA ERA A REDAÇÃO?
Não. Tinha a redação, os amigos, namorada, teatro, shows... Naquele tempo dava tempo para fazer tudo.

VOCÊ PREFERIA TRABALHAR EM VEÍCULOS IMPRESSOS?
Não exatamente, eu gostava de tudo: jornal, rádio, televisão... Cheguei a trabalhar até na equipe de produção do Chacrinha, na TV Excelsior. Pode-se dizer que eu fui um dos pioneiros da televisão brasileira coproduzindo o programa *Ensaio Geral*, com Roberto Palmari, Luiz Vergueiro, Solano Ribeiro na TV Excelsior. Lembro inclusive que na época, Edson Leite quis barrar o Caetano Veloso porque dizia que ele era muito feio e muito magro para aparecer na TV. [risos].

COMO ERA O ENSAIO GERAL?
Era um programa que nós criamos para a TV Excelsior enfrentar *O Fino da Bossa*, da Record. Era sobre música brasileira, no sentido mais amplo da palavra. Ali se apresentavam tanto os jovens talentos, como os nomes mais consagrados, e sempre abrindo espaço também para grandes nomes da história da nossa música que estavam meio esquecidos. Gilberto Gil era o apresentador e entre os cantores estavam Geraldo Vandré, Sérgio Ricardo e Airto Moreira.

ISSO FOI ANTES OU DEPOIS DO PROGRAMA JOVEM GUARDA, DA TV RECORD?
Mais ou menos na mesma época. Especificamente para combater o *Jovem Guarda*, produzimos para a Excelsior um programa apresentado pelo grupo *Os Incríveis*, que também visava o público jovem. Depois chamamos Carlos Imperial para produzir

com dois programas semanais: *Buzina do Chacrinha*, de calouros, e *Discoteca do Chacrinha*, de lançamentos musicais. Muda seus programas para a Bandeirantes, de 78 a 82, e retorna depois à Globo.

Lançador das míticas Chacretes, Chacrinha destilava um humor cáustico e popularesco que era mal visto pela intelectualidade. Mais tarde, porém, seus bordões passaram a ser estudados pelos acadêmicos de Comunicações. A ponto de Chacrinha receber, em 1987, o título de doutor honoris causa da Faculdade da Cidade, no Rio de Janeiro.

• **ROBERTO PALMARI** (1935 –), produtor, roteirista e cineasta, roteirizou e dirigiu os filmes *O Predileto* e *Diário da Província*, entre outros.

• **SOLANO RIBEIRO** (1939 –), produtor, um dos idealizadores do primeiro Festival de Música Popular Brasileira, na TV Excelsior, que depois originou os festivais da Record e da Globo, também produzidos por ele. Como diretor de TV, produziu os musicais *Disparada* e *Som Livre Exportação*. Dirigiu documentários para a TV alemã, foi diretor de programação da Rede Tupi de Televisão, e foi um dos fundadores da Rede Antena 1 de Rádio. Criou o Festival de Clips e o Festival Cultura na Internet, e é autor do livro *Prepare Seu Coração: A História dos Grandes Festivais*.

• **EDSON LEITE** (1926 – 1983), radialista, narrador esportivo, foi diretor das rádios Excelsior, Tupi, Record e Difusora. Como diretor da TV Excelsior, implantou novidades, para a época, que persistem até hoje com sucesso, como horário fixo da programação e a telenovela diária.

• **CAETANO** Emanuel Vianna Telles **VELOSO** (1942 –), um dos músicos, intérpretes e compositores com uma das carreiras mais sólidas e influentes da história da música brasileira. Em meio século de atuação artística, sua participação na cultura nacional extrapola a produção musical (que já beira os 50 discos), estendendo-se para a poesia, literatura, teatro, cinema e lutas políticas.

• **GILBERTO** Passos **GIL** Moreira (1942 –), cantor, compositor, multi-instrumentista, escritor, político, intelectual, vencedor de inúmeros prêmio musicais nacionais e internacionais, foi embaixador da ONU para agricultura e alimentação e Ministro da Cultura do Brasil de 2003 a 2008. Um dos principais mentores da Tropicália, seu trabalho musical é marcado por inovações, experimentações, pesquisas vanguardistas, mas também por grandes sucessos populares. Já gravou mais de 60 discos.

• Geraldo Pedrosa de Araújo Dias, ou **GERALDO VANDRÉ** (1935 –), advogado, compositor, poeta e músico. Seu sobrenome artístico é uma abreviatura do sobrenome do seu pai, José Vandregísilo. Militante estudantil, gravou seu primeiro LP em 64, quando obteve um relativo sucesso com *Fica Mal com Deus*. Dois anos depois veio a consagração, como compositor, ao lado de Theo de Barros, do grande sucesso *Disparada*, que se tornaria um clássico da MPB. Em 68, sua música *Pra Não Dizer Que*

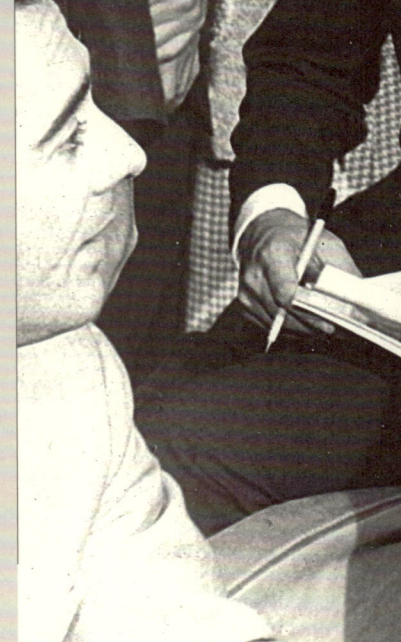

A cantora italiana Rita Pavone concede entrevista coletiva a jornalistas brasileiros em junho de 1964: ela aproveita a perna de Moracy, um dos repórteres presentes, para dar um autógrafo. Ademar Dutra (Canal 5) e José Carlos Romeu (Rádio Excelsior) estão à esquerda. Thomaz Souto Correa e Plácido Manaya aparecem atrás. Ao microfone, o empresário de Rita, o cantor Tedy Reno.

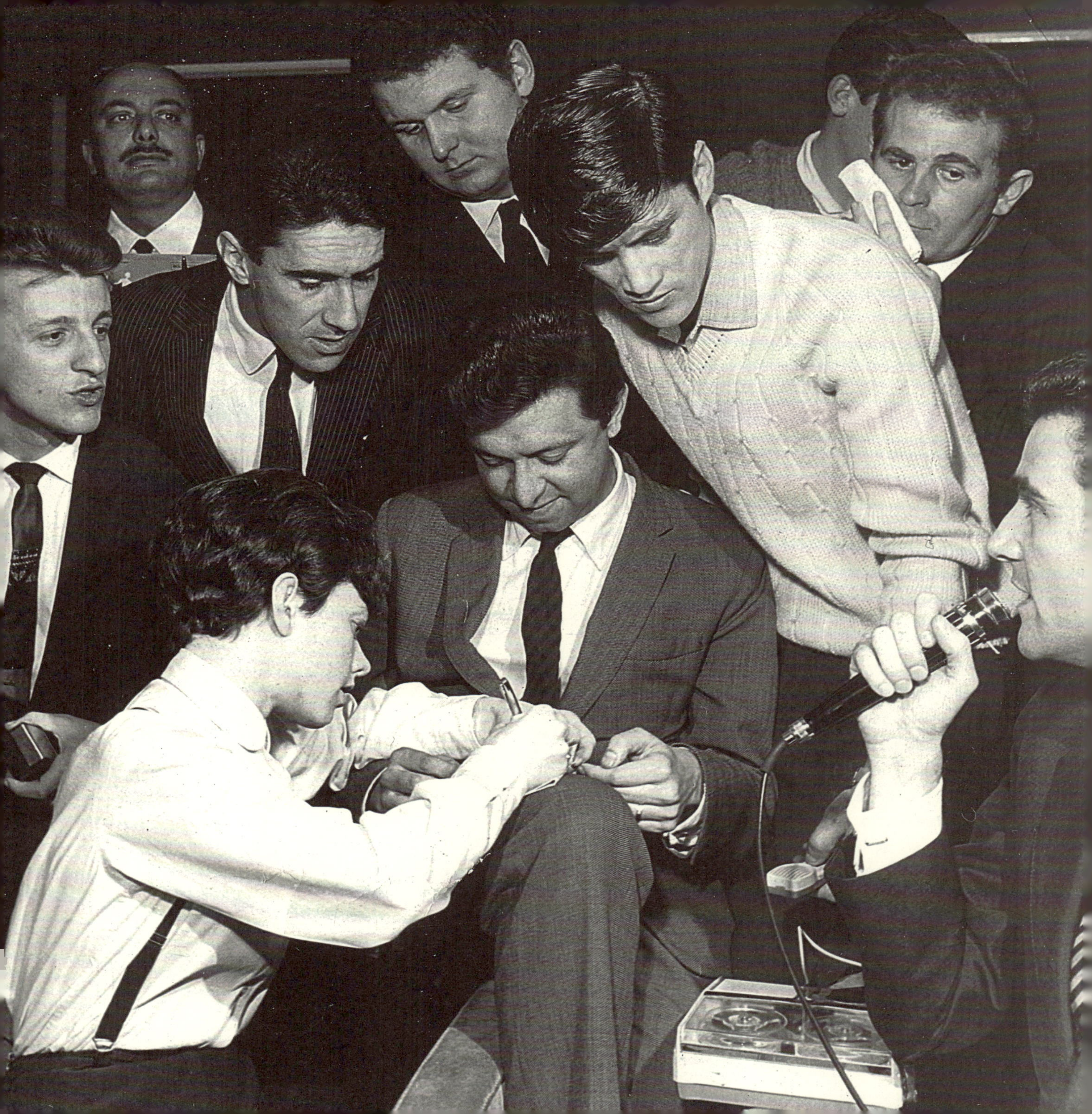

Não Falei das Flores se torna um hino de resistência contra a ditadura que o coloca em rota de colisão contra as forças armadas. Entre boatos não confirmados de que teria sofrido torturas, ou de que teria entrado em depressão, Vandré retira-se do mundo musical e opta pelo anonimato.

• **SÉRGIO RICARDO**, nome artístico de João Lutfi (1932 –), cantor, compositor e cineasta, estudou música desde criança, foi locutor de rádio e técnico de som. Lançou seu primeiro LP no início dos anos 60, cantando Bossa Nova, e em 1967 ganhou o noticiário ao atirar seu violão contra a plateia que o vaiava no Festival de MPB da TV Record. Na ocasião, o jornal *Notícias Populares* estampou a manchete "Violada na plateia". É autor da trilha sonora do filme *Deus e o Diabo na Terra do Sol*. Gravou 16 discos e dirigiu quatro longas metragens.

• **AIRTO** Guimorvan **MOREIRA** (1941–), baterista, percussionista e compositor. Integrou o *Sambalanço Trio* (com César Camargo Mariano e Humberto Cláiber) e o *Quarteto Novo* (com Theo de Barros, Heraldo do Monte e Hermeto Pascoal). Mudou-se nos anos 60 para os Estados Unidos, onde seguiu carreira internacional.

• **JOVEM GUARDA,** programa exibido com muito sucesso na TV Record entre 1965 e 68. Comandado por Roberto Carlos, Erasmo Carlos e Wanderléa, o programa apresentava números musicais com grupos e cantores sintonizados com o gosto do público jovem da época, lançando nomes como Ronnie Von, Eduardo Araújo, George Freedman, Wanderley Cardoso, Sérgio Reis, Ed Wilson, Jerry Adriani, Evinha, Martinha, Vanusa, além de bandas como Golden Boys, Renato e Seus Blue Caps, Leno e Lílian, Deny e Dino, Trio Esperança, Os Incríveis, Os Vips e The Fevers. Em seu léxico muito particular, popularizaram-se expressões como "broto", "carango", "coroa", "barra limpa", "pão", "papo firme", "pra frente", e "é uma brasa, mora". Por extensão, o termo Jovem Guarda passou a designar o movimento musical jovem brasileiro nascido na esteira de sucesso dos Beatles e seus congêneres.

• **OS INCRÍVEIS,** banda paulista de rock formada nos anos 60 originalmente por Domingos Orlando (Mingo), Waldemar Mozema (Risonho), Antônio Rosas Seixas (Manito), Luiz Franco Thomaz (Netinho) e Demerval Teixeira Rodrigues (Neno). Inicialmente chamada *The Clevers*, a banda iniciou sua carreira tocando música americana, mas mudou de nome e de rumo com o sucesso obtido no programa *Jovem Guarda*. Entre 1965 e 82, sob o nome *Os Incríveis*, o grupo lançou dez LPs

Os Incríveis na capa do LP O Milionário.

este programa. Os convidados eram os astros da juventude da época que não estavam no *Jovem Guarda*, como Marcos Roberto, Eduardo Araújo, Silvinha, e outros.

COMO VOCÊ SE POSICIONOU NA CONCORRÊNCIA QUE HAVIA ENTRE A TURMA DA BOSSA NOVA E O PESSOAL DA JOVEM GUARDA?

Na época do Oficina, e mais tarde no *Ensaio Geral*, eu havia trabalhado muito com o pessoal da Bossa Nova, mas não tinha muita informação sobre o rock da Jovem Guarda. Eu não via o rock como hoje eu vejo. Aquela explosão jovem estava apenas começando e eu percebi que seria inevitável. De repente, senti que a grande força do mercado ia mudar: Roberto Carlos chegava de repente para sua festa de arromba, e ao seu lado, o amigo Erasmo Carlos.

QUANDO VOCÊ PERCEBEU ESTA MUDANÇA?

Quando houve a explosão mundial dos Beatles, após o show em Nova York. Aqui no Brasil a música popular se dividia em duas correntes radicais: a turma da MPB e a garotada do Iê-Iê-Iê, como se fosse a esquerda contra direita. Houve até uma passeata contra o pessoal do "pandeiro sem couro" e "violão que dava choque". Uma grande bobagem. Hoje concordo com a opinião geral: Roberto é um intérprete e compositor genial.

O QUE VEIO DEPOIS DO ENSAIO GERAL?

Eu sempre fiz muita coisa. Andava na corda bamba o tempo todo. Continuei na *Última Hora*, trabalhei muito com promoção e divulgação, trabalhei numa agência de relações públicas. Junto com Ciro Bassini e Egídio Eccio, tive um teatro em São Paulo, o Gazeta.

É O MESMO TEATRO GAZETA QUE EXISTE ATÉ HOJE, NA AVENIDA PAULISTA?

Não exatamente. Este Teatro Gazeta que eu me refiro ocupava uma parte do terceiro andar do prédio da Fundação Cásper Líbero, na Avenida Paulista, que ainda estava inacabado. Era um lugar meio abandonado, não tinha ele-

Carlos Imperial lançou Elis Regina, Roberto Carlos, Tim Maia, Wilson Simonal e vários outros nomes ao estrelato.

e 41 compactos, mesmo com vários de seus componentes já se dedicando a outras bandas ou carreiras solo: nos anos 70, Netinho montou a banda Casa das Máquinas, enquanto Manito, juntamente com Pedro Baldanza e Pedro Pereira da Silva, formaram o *Som Nosso de Cada Dia*. *Os Incríveis* ainda realizam shows eventuais, em ocasiões especiais.

• **CARLOS** Eduardo da Corte **IMPERIAL** (1935 – 1992), produtor artístico e cultural, músico e apresentador de programas de rádio e TV, foi o principal lançador de importantes carreiras da música brasileira, como Roberto Carlos, Elis Regina, Tim Maia e Wilson Simonal, entre outras. Produziu também filmes e peças teatrais.

• **MARCOS ROBERTO** Dias Cardoso (1941 – 2012), cantor e compositor participante da Jovem Guarda, teve na música *A Última Carta* o seu maior sucesso. Encerrou sua carreira como produtor de novos cantores e bandas.

• **EDUARDO** Oliveira **ARAÚJO** (1942 –) cantor integrante do movimento Jovem Guarda, começou sua carreira na banda *The Playboys*, e estourou nacionalmente em 1967 com seu grande sucesso *O Bom*. Foi parceiro musical, sócio e marido da também cantora Silvinha.

• Sílvia Maria Vieira Peixoto Araújo (1951 – 2008), conhecida como **SILVINHA**, cantora lançada por Chacrinha, apresentava o programa de TV *O Bom*, com Eduardo Araújo, com quem se casou. Gravou 12 discos como cantora solo, mais de 2 mil jingles publicitários e fez parte do quarteto vocal *4x4*. Era sócia de Eduardo Araújo na gravadora Number One.

• **BOSSA NOVA,** movimento da música brasileira nascido no final dos anos 50. Egresso da classe média da zona sul carioca, o movimento incorporou uma batida jazzística de influência norte-americana aos compassos do samba, criando um estilo urbano que rapidamente conquistou o mundo. Entre os seus principais representantes estão João Gilberto (considerado o principal fundador), Tom Jobim, Vinícius de Moraes, Carlos Lyra e vários outros. Curiosamente, a palavra bossa já havia surgido na música brasileira nos anos 30, através do samba *Coisas Nossas*, de Noel Rosa ("O samba, a prontidão/e outras bossas,/são nossas coisas").

• **ROBERTO CARLOS** Braga (1941 –), cantor e compositor dono de uma das carreiras de maior sucesso popular dentro da música brasileira. Começou timidamente cantando músicas da Bossa Nova, no início dos anos 60, mas mudou de estilo e estourou em popularidade como "o rei da Jovem Guarda", ainda na mesma década. É considerado o primeiro ídolo jovem do Brasil. Com a decadência da Jovem Guarda, reinventou-se como cantor romântico, novamente com muito sucesso. Segundo a ABPD – Associação Brasileira dos Produtores de Discos, é o artista solo com mais álbuns vendidos na história do Brasil. Em 2013, completou a marca de 60 álbuns gravados.

• **ERASMO CARLOS** é o nome artístico de Erasmo Esteves (1941 -), cantor e compositor, conhecido pelas inúmeras músicas que escreveu em parceria com Roberto Carlos, de quem é amigo desde a adolescência. Apelidado de "Tremendão", foi um dos

Detalhe da capa do compacto de Eduardo Araujo lançado pela Odeon em 1966.

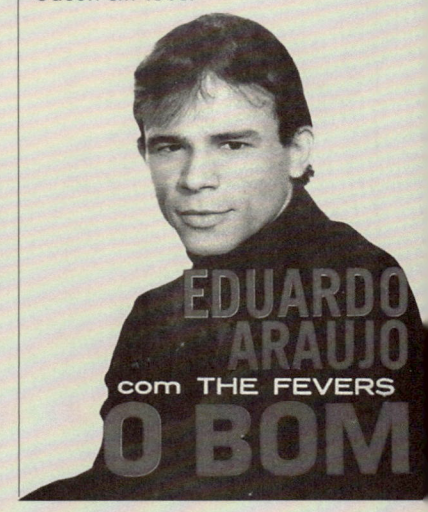

Moracy posa na famosa escadaria que une a Rua dos Ingleses com a Praça Dom Orione; a Bela Vista com o Bixiga.

principais membros do movimento Jovem Guarda, e sua discografia conta com mais de 30 títulos.

• Os **BEATLES**, banda de rock de maior sucesso em todos os tempos. Formada em Liverpool, Inglaterra, em1960, o grupo revolucionou não apenas a música, mas também os hábitos, os costumes e a cultura de várias gerações com mensagens de amor e liberdade e um certo tom de rebeldia planejada. Seus componentes, John Lennon, Paul McCartney, George Harrison e Ringo Starr são até hoje ícones reverenciados da história da música. O grupo lançou 13 álbuns entre 1963 e 1970, ano de sua dissolução.

• Enzo **CIRO BASSINI** (1916 – 1971), advogado, radialista, produtor, ator e escritor, escreveu e dirigiu dezenas de radionovelas e mais de 15 telenovelas. Atuou na Rádio Cultura, Rádio Record, Rádio São Paulo e nas Emissoras Associadas.

• **EGÍDIO ECCIO** (1929 – 1977), ator e diretor, iniciou sua carreira no teatro, onde obteve destaque na peça *Panorama Visto da Ponte*. No cinema, estreou como ator em *O Pão que o Diabo Amassou*, em 1957, e como diretor em *O Matador*, 11 anos depois. Foi um dos pioneiros da telenovela brasileira e dirigiu o sucesso de bilheteria *Paixão de um Homem*, com Waldick Soriano.

• **AGATHA** Mary Clarissa **CHRISTIE** (1890 – 1976), uma das mais populares escritoras de contos e romances policiais de todos os tempos. Criadora dos inesquecíveis personagens Hercule Poirot e Miss Marple, escreveu 66 livros e 152 contos publicados em 14 volumes de coletâneas. Seus textos foram adaptados em 17 peças teatrais.

• **IRENE** Yolanda **RAVACHE** Paes de Melo (1944 –), atriz e diretora teatral de grande projeção, atuou em 21 peças de teatro, 37 novelas e seriados de TV, e 12 longas-metragens, além de ter dirigido cinco espetáculos teatrais.

• **RENATO MASTER** (1939 – 2004), ator e dublador, estreou em 1964 na novela *A Moça que Veio de Longe*, da TV Excelsior. Atuou em mais de 20 novelas e em cerca de dez filmes.

• **JOANA FOMM** (1940 –), atriz, estreou no cinema em 1962 em *O Quinto Poder* e na televisão em 1964 com a novela *O Desconhecido*, da TV Rio. Atuou em mais de 50 novelas e seriados de TV e em mais de 30 longas para cinema.

• Octávio Alves da **GRAÇA MELLO** (1914 – 1979), ator, produtor, diretor e dramaturgo, abandonou seu posto de tenente da Marinha para se dedicar ao teatro. Entrou em 1941 na companhia *Comediantes*, passando depois a atuar nas companhias teatrais Bibi Ferreira, Dulcina de Moraes e *Os Artistas Unidos*. Dirigiu quase 200 espetáculos. Foi também ator e diretor de cinema e de televisão.

• Ene**DINA LISBOA** (1912 – 1987), atriz, abandonou a profissão de professora para se tornar funcionária pública, e posteriormente estudar na Escola de Arte Dramática. Integrou, entre outros, a Companhia Sérgio Cardoso, o Teatro Brasilero de Comédia e o Teatro de Arena. Atuou ainda em telenovelas e em 11 longas-metragens.

vador, era terrível. E o Ciro Bassini, que era um grande autor de novelas desde a época do rádio, arrendou este teatro da Fundação, terminou as obras de acabamento que estavam faltando, e montou ali uma peça de autoria dele mesmo: *Mefi, Seu Criado*. Era sobre Mefistófeles, mas a peça não teve um bom público.

Foi quando Ciro me chamou, fizemos uma parceria com Egídio Eccio, um grande ator e também diretor de teatro e TV, e nós três fizemos uma sociedade para administrar o teatro. Montamos então *A Ratoeira*, da Agatha Christie, que foi um grande sucesso. Estreamos a peça antes mesmo de vencer o primeiro mês de salário de toda a equipe, e com apenas quatro dias de bilheteria pagamos todos os custos de montagem e os salários do primeiro mês. O elenco foi formado com nomes novos e consagrados. Entre os novos, estavam Irene Ravache, Renato Master e Joana Fomm, e os veteranos eram Graça Mello e Dina Lisboa. E vindo do teatro amador, Francisco Curcio. Foi um sucesso estrondoso: ficamos dois anos em cartaz.

Algum tempo depois, o grupo Objetivo começou a tomar cada vez mais o espaço do prédio da Cásper Líbero, pois eles tinham um cursinho pré-vestibular que estava crescendo muito e precisavam ampliar sua área.

Irene Ravache na novela que mudou a dramaturgia na TV brasileira: *Beto Rockfeller*.

A Fundação começou a fazer uma pressão violenta para que entregássemos o teatro, e assim aconteceu. Mais tarde, com o mesmo nome de Gazeta, o teatro foi transferido para o térreo, ficou maior, mais bem acabado, e é o que permanece até hoje. Mas o nosso Teatro Gazeta era o pequeno, do terceiro andar.

COMO FOI SEU TRABALHO NA TV RECORD?

Entrei na TV Record através do grande cantor Agostinho dos Santos. A emissora ofereceu a ele um programa musical vespertino, e ele me chamou para dirigi-lo. Eu fazia o programa do Agostinho à tarde, e o telejornal *Record em Notícias* à noite. Naquela época os telejornais da Record não tinham muito horário fixo para

- **Francisco** Edson **Curcio** (1929 – 2010), dentista e ator, iniciou sua carreira no teatro amador, e sempre conciliando seus horários com a profissão de dentista, atuou em 22 filmes e em vários programas de televisão.
- **Agostinho dos Santos** (1932 – 1973), cantor e compositor, foi crooner de orquestra, trabalhou nas rádios paulistas América e Nacional, até mudar-se para o Rio de Janeiro, onde foi contratado pela Rádio Mairynk Veiga. Participou do Festival de Bossa Nova no Carnegie Hall, em Nova York (1962) com o conjunto de Oscar Castro Neves. Foi intérprete no filme *Orfeu do Carnaval*, de Marcel Camus, de onde saíram dois de seus maiores sucessos: *Manhã de Carnaval* e *A Felicidade*. Morreu em acidente aéreo próximo ao aeroporto de Paris.
- José **Silveira Sampaio** (1914 –1964), autor, ator, diretor e empresário. Formou-se em Medicina, mas ainda bem jovem abandona a carreira e passa a se dedicar ao seu próprio teatro, à produção de filmes e às crônicas sarcásticas que escrevia no *Diário Carioca*. Foi pioneiro no gênero talk show na televisão brasileira (numa época em que esta expressão sequer existia) com seus programas *SS Show* e *Bate-papo com Silveira Sampaio*. De estilo crítico, mordaz e bem humorado, trabalhou também na TV Record de São Paulo e jornal *Folha de São Paulo*. Como ator, escritor ou diretor, atuou em mais de 20 filmes e peças teatrais.
- Elpídio **Reali Júnior**, (1941 – 2011), jornalista, foi correspondente internacional em Paris da Rádio Jovem Pan e do jornal *O Estado de S.Paulo*. Realizou importantes coberturas internacionais, como a queda do avião da Varig em Paris em 1973 que matou Agostinho Santos, a Guerra Irã-Iraque e a Revolução dos Cravos. Popularizou e tornou célebre o bordão que repetia diariamente em suas entradas na Jovem Pan: "Neste momento, às margens do Sena, junto à Maison de la Radio os termômetros marcam..."
- **Murilo Antunes Alves** (1919 – 2010), jornalista, iniciou sua carreira na Rádio Record nos anos 1930. Na TV Record, apresentou o telejornal *Record em Notícias*, ao lado de Hélio Ansaldo, entre 1973 e 1996. Em função da avançada idade de seus apresentadores e comentaristas, o noticioso ganhou o apelido popular de "Jornal da Tosse", já que era comum que seus componentes pigarreassem e tossissem em pleno ar. Murilo permaneceu na Record até a venda do grupo para a Igreja Universal, já nos anos 90, e era o funcionário mais antigo da emissora, na época.
- **Clarice** Ribeiro Chaves **Herzog** (1940 –), socióloga, publicitária. Ainda estudante, na Faculdade de Filosofia da USP, conheceu Vladimir Herzog, jornalista assassinado pela ditadura em 1975. Clarice se viu viúva, aos 35 anos, com dois filhos: Ivan, de 9 anos e André, de 7.
- **Leônidas da Silva** (1913 – 2004), um dos maiores jogadores da história do futebol brasileiro. Apelidado de *Diamante Negro* (que posteriormente batizou o famoso chocolate), jogou no São Cristóvão, Vasco da Gama,

entrar no ar: se o programa que estivesse no ar fazia sucesso, eles o esticavam, e o jornal acabava entrando no ar em torno da meia noite, ou mais. No dia que tinha o programa do Silveira Sampaio, que era um enorme sucesso, o jornal entrava no ar depois da 1 da manhã.

QUAL SUA FUNÇÃO NO RECORD EM NOTÍCIAS?

Eu falava de showbusiness. Entrava no ar com o papel na mão, lia a matéria e jogava o papel no chão, para marcar um estilo. Cada um tinha que marcar seu estilo. O Clécio Ribeiro, por exemplo, que fazia o noticiário policial, terminava com o bordão "E basta isso!".

QUEM MAIS FAZIA O RECORD EM NOTÍCIAS?

Reali Jr. fazia o noticiário de Política. Vocês não têm ideia de como ele era um sujeito bacana! Havia também Murilo Antunes Alves, Clarice Herzog... mas a redação parava mesmo quando chegava o grande craque Leônidas da Silva para falar de futebol. O Leônidas para mim era tudo! Trabalhar ao lado do meu grande ídolo do esporte era algo sensacional, uma idolatria diferente que só o futebol pode proporcionar. O diretor do telejornal era Fernando Vieira de Mello, o maior jornalista que eu conheci. Foi na Record também que eu fiz, junto com o Walter Silva e o Tuta, um programa sobre Música Popular Brasileira chamado *Mixturação*, onde lancei *Secos & Molhados*, ao lado de Zé Rodrix, Sá e Guarabyra, Ednardo e o *Pessoal do Ceará*.

E COMO ERA O PROGRAMA COM AGOSTINHO DOS SANTOS?

Chamava-se *Encontro com Agostinho*. Só que muitas vezes ele não aparecia para apresentar o programa, e eu mesmo acabava fazendo as vezes de apresentador. E levei Edu Lobo, Chico Buarque, e muitos outros nomes da música brasileira.

Um dia Fernando de Barros veio falar comigo. Fernando era um jornalista português, produtor de moda, que escrevia sobre cinema para a TV Tupi e para a *Última Hora*. Ele tinha tantas atividades que, quando ele deixou o jornal, eu her-

O craque Leônidas da Silva era a grande atração do *Record em Notícias:* ele parava a Redação.

Botafogo, Flamengo e São Paulo. Pelo Brasil, atuou nas Copas de 1934 e 1938, marcando nove gols. É um dos maiores artilheiros da seleção brasileira, marcando 37 gols nas 37 partidas que disputou. Terminada sua carreira como jogador, em 1951, foi técnico e posteriormente comentarista esportivo. Ganhou sete vezes o troféu Roquette Pinto, honraria concedida aos melhores profissionais do rádio e da televisão. Geralmente é creditada a Leônidas a invenção da jogada denominada "bicicleta", mas afirma-se que ele não foi exatamente o criador desde tipo de lance, mas sim um dos que melhor souberam utilizá-lo.

• **Fernando Luiz Vieira de Mello** (1929 – 2001), jornalista, começou sua carreira na TV Record e foi diretor de jornalismo da Rádio Jovem Pan. Foi também diretor de marketing do Mappin nas décadas de 1970 e 1980. Em 1992, fundou a Rádio Trianon, com o empresário João Carlos Di Genio e o jornalista Antônio Del Fiol.

• **Walter Silva** (1933 – 2009), jornalista, locutor, apresentador e produtor musical. Apelidado de Pica-Pau, iniciou sua carreira como locutor comercial da Rádio Piratininga. Trabalhou depois nas rádios 9 de Julho, Cultura, Tupi, Bandeirantes, Mayrink Veiga, Mundial e Nacional. Seu programa *O Pick-up do Picapau* marcou época no gênero. Como produtor musical, trabalhou com Chico Buarque, Elis Regina, Jair Rodrigues, Milton Nascimento e Renato Teixeira. Em 1966, produziu o espetáculo *Paulistas e os Cariocas*, no Teatro Maria Della Costa, com o grupo vocal *Os Cariocas*, Ivete e Gilberto Gil. Em 1970, assumiu a direção artística da gravadora Continental, lançando Célia, Pessoal do Ceará, Walter Franco e *Secos & Molhados*. Na TV Record, lançou, em 1973, o programa *Mixturação*, com Walter Franco, *Pessoal do Ceará*, Simone, entre outros artistas. Em 1975, assumiu a direção do programa *Fantástico*. Trabalhou no *Diário do Grande ABC* e no *Jornal da Tarde*. É autor do livro *Vou te contar: Histórias de Música Popular Brasileira*.

• Antonio Augusto Amaral de Carvalho (1931 –), conhecido como **Tuta**, jornalista e empresário, iniciou sua carreira na Rádio Panamericana em 1949, assumindo a direção da emissora dois anos depois. Em 53, transfere-se para a TV Record, onde revoluciona a televisão brasileira criando uma nova linguagem para as transmissões esportivas, além de programas e shows de muito sucesso gravados em grandes teatros. Atualmente é presidente da Rádio Jovem Pan.

• **Zé Rodrix** (1947 – 2009), nome artístico de José Rodrigues Trindade, músico, compositor, cantor, publicitário e escritor. Iniciou sua carreira no grupo musical *Momentoquatro*, nos anos 60, participando depois da banda *Som Imaginário*, na década seguinte. Compôs várias músicas de sucesso em parceria com a dupla Sá e Guarabyra, mas sua canção mais famosa foi feita com Tavito: *Casa no Campo*.

• **Sá e Guarabyra**, dupla musical formada em 1973 pelos compositores e cantores Luíz Carlos Pereira de Sá (1945 –) e Guttemberg Nery Guarabyra Filho (1947 –),

Zé Rodrix na década de 1970.

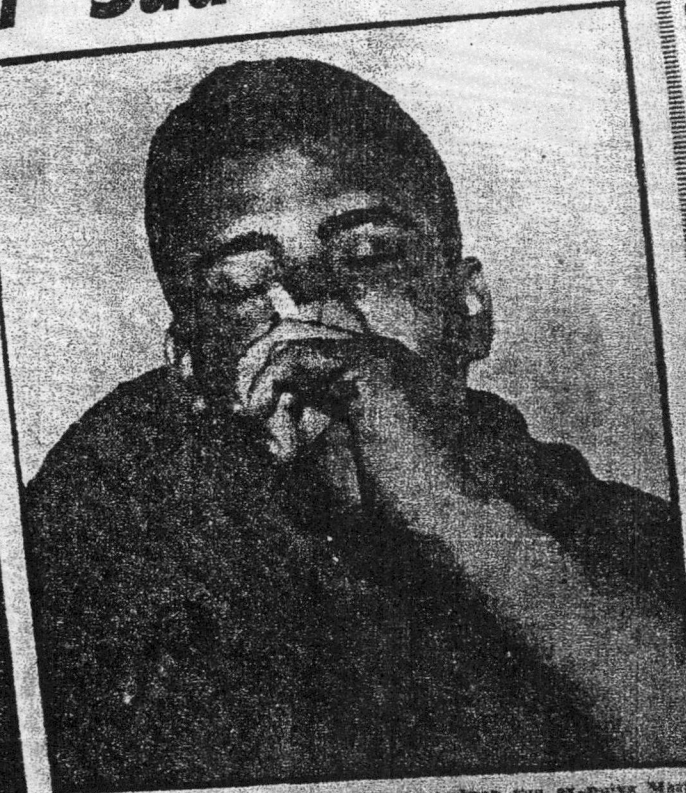

A coluna de Moracy ganhou destaque na primeira página da *Última Hora* no dia de seu lançamento: "*Show Business* (...) abrangerá o teatro, rádio e TV paulistas, e está destinada a maior repercussão, pela maneira ágil e independente como abordará fatos e gente ligados àqueles setores, sem vinculações ou subordinações a quaisquer grupos ou "igrejinhas".

que já desenvolviam carreiras solo de sucesso durante os anos 60. No início dos 70, formaram a banda Sá, Rodrix e Guarabyra, parceria desfeita em 73, com a saída de Zé Rodrix. Como dupla, obtiveram grande aceitação popular nos anos 70 e 80 com as canções *Dona, Espanhola* e *Verdades e Mentiras*, entre outras. Já nos anos 2000, voltaram a se reunir com Zé Rodrix para a gravações de dois DVDs. É do trio um dos maiores sucessos publicitários dos anos 70: o jingle *Só Tem Amor quem tem Amor pra Dar*, da Pepsi.

• José **EDNARDO** Soares Costa Sousa (1945 –), cantor e compositor, participou do antológico LP *Meu Corpo, Minha Embalagem, Tudo Gasto na Viagem*, que apresentou o **PESSOAL DO CEARÁ** para o Brasil em 1972. Gravou 14 álbuns e mais de 300 músicas, incluindo trilhas sonoras de cinema e teatro. Seu maior sucesso popular é *Pavão Mysteriozo*, tema da telenovela *Saramandaia*.

• **EDU**ardo de Góes **LOBO** (1943 –), cantor, compositor, arranjador e instrumentista, iniciou sua carreira formando parcerias com Vinícius de Moraes e Ruy Guerra. Despontou para o grande público ao vencer os Festivais de Música Popular Brasileira de 1965, com *Arrastão* (interpretada por Elis Regina) e de 67 com *Ponteio* (interpretação dele mesmo e Marília Medalha). Compôs trilhas sonoras para espetáculos teatrais de muita repercussão, como *Arena Conta Zumbi* (com Gianfrancesco Guarnieri) e *O Grande Circo Místico* (com Chico Buarque), entre outros.

• Francisco Buarque de Hollanda, **CHICO BUARQUE** (1944 –), músico, dramaturgo, cantor, compositor e escritor dos mais conhecidos e midiáticos do Brasil. Seu primeiro grande sucesso foi a canção *A Banda*, vencedora (empatada com *Disparada*) do Festival de Música Popular Brasileira da TV Record de 1966, na voz de Nara Leão. Entre seus grandes sucessos musicais estão *Roda Viva, Sabiá* (com Tom Jobim), *Pedro Pedreiro, Cálice, Acorda Amor, Apesar de Você, Construção, Meu Guri, Mulheres de Atenas, Geni, O Que Será*, e muitas outras espalhadas por sua extensa discografia. Participou das trilhas sonoras de seis filmes, escreveu quatro peças de teatro e cinco livros.

• **FERNANDO DE BARROS** (1915 – 2002), jornalista e cineasta, nasceu em Portugal, veio ao Brasil em 1942 com a equipe de filmagem do longa *Pureza*, e decidiu não voltar. Trabalhou na Companhia Vera Cruz, participou de cerca de 20 filmes. Como diretor, realizou *Apassionata, Quando a Noite Acaba, Uma Certa Lucrécia, Moral em Concordata, As Cariocas, Lua de Mel e Amendoim* e *A Arte de Amar Bem*. Trocou depois o cinema pelo jornalismo, especializando-se na área de moda. Escreveu para a revista *O Cruzeiro*, passou pela *Quatro*

Detalhe da capa do primeiro álbum de Chico Buarque de Hollanda, lançado em 1966.

Encontro da turma do programa *Mixturação*, da TV Record, que era produzido por Walter Silva, Tuta e Moracy do Val: a partir da esquerda, Cassiano Gabus Mendes, Walter Silva, Alfredo Machado de Carvalho e Tutinha.

dei o espaço deixado pelo Fernando, que acabou se transformando na minha coluna *Show Business*, com um pouco de tudo – cinema, teatro, TV, variedades –, e ia às estreias de peças, filmes e shows. Eu era um garoto metido a besta no meio daquela turma de ótimos profissionais.

QUEM ERA ESTA "TURMA"?

Décio de Almeida Prado do *Estadão*, que foi meu professor de Filosofia no Colégio Roosevelt; Sábato Magaldi, também do *Estadão*, um jornalista maravilhoso; Miroel Silveira, Mattos Pacheco, Delmiro Gonçalves... e eu era o porra louca caçula no meio de todos estes monstros. Mas eles me acolheram muito bem. Na época, a classe teatral estava muito unida, lutando contra a ditadura, e a Cacilda Becker liderava tudo isso. Ela era uma leoa!

Neste período eu fazia a coluna *Show Business* para a *Última Hora* e também uma coluna de fofocas do meio artístico para a Rádio Bandeirantes. Como a pauta era de fofocas, eu falava mal de muita gente com o pseudônimo de Abdalla. *Fofocas do Abdalla* era o título escolhido pelo cara que me contratou, o Boni. Ninguém sabia que o Abdalla era eu. Até que um dia eu estava no restaurante Gigetto, atrasado para levar minha coluna para a Rádio Bandeirantes, que ficava na Rua Paula Sousa, e o Armando Bógus me deu uma carona até lá. Naquela época ainda tinha que levar o texto pessoalmente. Foi então que Bógus percebeu que eu era o tal Abdalla, mas muito profissionalmente ele manteve o segredo. Foi nesta época que os Diários Associados me oferecem muito dinheiro, uma grana altíssima para eu escrever uma coluna de artes e espetáculos, e eu não topei.

POR QUE?

Recusei porque se eu fosse escrever uma coluna desta nos Diários Associados, certamente eu seria obrigado a elogiar a rádio e a TV Tupi, que eram do mesmo

Rodas e foi editor de moda da *Playboy*. É autor dos livros *Elegância – Como o Homem Deve Se Vestir* e *O Homem Casual*.

• **DÉCIO DE ALMEIDA PRADO** (1917 – 2000), professor, escritor, filósofo e um dos mais importantes críticos e ensaístas de teatro do Brasil. Escreveu na revista *Clima*, assinando a coluna sobre teatro, de 1941 a 1944. De 46 a 68 atuou como crítico teatral do jornal *O Estado de S.Paulo*, onde edita, a partir de 1956, o Suplemento Literário do jornal. Escreveu 11 livros, entre eles *Apresentação do Teatro Brasileiro Moderno* (1956), *João Caetano: o Ator, o Empresário e o Repertório* (1972), *Procópio Ferreira* (1984), *Teatro de Anchieta a Alencar* (1993), *O Drama Romântico Brasileiro* (1996) e *História Concisa do Teatro Brasileiro* (1999).

• **SÁBATO** Antonio **MAGALDI** (1927 – 2016) crítico teatral, teatrólogo, jornalista, professor, ensaísta e historiador. Membro da Academia Brasileira de Letras e professor titular da ECA-USP, lecionou também nas universidades francesas da Universidade de Paris III (Sorbonne Nouvelle) e de Provence. Foi o principal organizador da obra de Nelson Rodrigues. Escreveu os livros *Panorama do Teatro Brasileiro*, *Iniciação ao Teatro*, *Um Palco Brasileiro - O Arena de São Paulo*, *Nelson Rodrigues – Dramaturgia e Encenações*, *Moderna Dramaturgia Brasileira* e *Cem Anos de Teatro em São Paulo*, entre outros.

• **MIROEL SILVEIRA** (1914 –1988), diretor de teatro, tradutor, crítico teatral e ensaísta. Um dos criadores do grupo *Os Comediantes*, foi considerado um grande renovador do teatro brasileiro moderno. Nos anos 40 e 50, escreveu nos jornais cariocas *O Jornal* e *Diário de Notícias*, e nos jornais do grupo Folha de S.Paulo. Em 1950 participa do Teatro Popular de Arte, e no mesmo ano funda em São Paulo o tablóide Radar. Foi professor da Escola de Arte Dramática e da Escola de Comunicações e Artes da USP. É autor dos livros *Goldoni na França* e *A Outra Crítica*. Seus textos foram organizados e publicados na coletânea *Vamos Ler Miroel Silveira*.

• **CACILDA BECKER** Iaconis (1921 –1969), uma das mais importantes atrizes do teatro brasileiro, tendo encenado cerca de 70 peças em 30 anos de carreira. Atuou também nos filmes *Luz dos Seus Olhos* (1947) e *Floradas na Serra* (1954), além da telenovela *Ciúmes*, na TV Tupi (1966).

• José Bonifácio de Oliveira Sobrinho (1935 –), conhecido como **BONI**, publicitário, empresário e diretor de televisão, iniciou sua carreira como ajudante do escritor e dramaturgo Dias Gomes na Rádio Clube do Brasil. Atuou em várias emissoras de rádio e TV, e em agências e produtoras publicitárias. Em 1967, a convite de Walter Clark, torna-se diretor de programação e produção da TV Globo, participando ativamente na transformação da emissora em rede nacional. Foi vice-presidente de operações da Globo de 1980 a 97, tornando-se depois consultor da emissora até 2001. Atualmente é sócio da TV Vanguarda, afiliada da TV Globo no interior paulista.

• **ARMANDO BÓGUS** (1930 – 1993), ator de grande carisma e sucesso popular, estreou em 1955 na peça *Moral em Concordata*, que acabou se transformando também em seu

Entre os papéis mais destacados de Cacilda Becker, está Antígona.

grupo, e eu não queria entrar num esquema assim. Vieram pessoalmente Valter Arruda e Orlando Negrão, falando em nome de Edmundo Monteiro, em nome da alta direção dos Diários Associados, pedindo que eu fosse para lá, mas eu era muito chato e não fui. E não me arrependo. Recusei, e pouco tempo depois a *Última Hora* me dispensou porque assumiu lá Armindo Blanco, que fora crítico de teatro no Rio de Janeiro e começou a me podar. Eu preferi ir para a TV Record e para o jornal *Notícias Populares* que estava sendo criado.

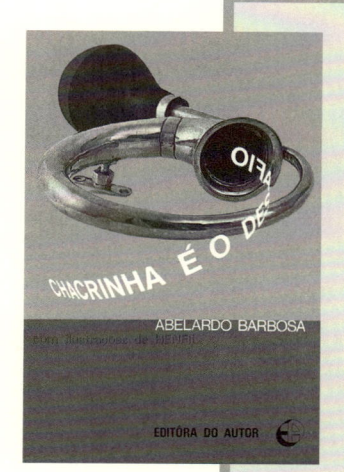

> "Considero que contribuí eficazmente para criar a atmosfera tropicalista que deu condições para o aparecimento de talentos como os de Caetano Veloso, Jorge Ben, Gilberto Gil, Wilson Simonal, Gal Costa, Geraldo Vandré, os Mutantes, Macalé, Capinam. Duvido que antes do chacrismo, eles fossem aceitos tão completamente. Basta lembrar que antes do chacrismo criar força, João Gilberto encontrou tremenda resistência. Nem mesmo gente avançada entendeu logo a importância fundamental de João Gilberto, com exceção de Moracy do Val."
>
> Abelardo Barbosa, em seu livro *Chacrinha é o Desafio*, Editora do Autor (1969)

NO LIVRO "CHACRINHA É O DESAFIO", ESCRITO PELO PRÓPRIO COMUNICADOR, ELE FAZ UMA REFERÊNCIA MUITO ELOGIOSA A VOCÊ...

Sim. Num trecho do livro ele destaca a sua influência na criação do Tropicalismo e faz um paralelo com o surgimento de João Gilberto, que também teve uma enorme resistência de muita gente importante, que não entendeu a importância do João para a música brasileira, "com exceção de Moracy do Val", ele escreveu. (*risos*) Eu fui produtor do Chacrinha bem depois de ele escrever esse livro. Trabalhar com Chacrinha era um barato, mesmo aos domingos... um dia muito chato para trabalhar! (*risos*) Ele fazia dois programas na Excelsior. Muitas vezes, depois do programa a gente saía com aquela turma toda: Dalva de Oliveira, Peri Ribeiro, Os Incríveis, Clara Nunes, cantora que ele lançou... uma voz maravilhosa!

primeiro papel no cinema. Foi um dos atores da primeira versão de *Vila Sésamo* na televisão brasileira. Atuou em cerca de 40 novelas e seriados de TV, e em 12 filmes.

• **EDMUNDO MONTEIRO** (1917 – 1996), economista, jornalista, político, foi diretor dos Diários Associados, um dos colaboradores mais diretos de Assis Chateaubriand, e presidente do Museu de Arte de São Paulo.

• **ARMINDO BLANCO**, escritor, jornalista e crítico teatral nascido em Portugal e radicado no Brasil. Atuou no jornais *O Dia* e *Última Hora*.

• **JOÃO GILBERTO** Prado Pereira de Oliveira (1931 –) é um dos mais importantes cantores e compositores do mundo, revolucionou a música brasileira desde o lançamento, em julho de 1958, do LP *Canção do Amor Demais*, no qual Elizeth Cardoso canta músicas de Tom Jobim e Vinicius de Moraes, e é acompanhada por João em duas faixas que apresentam pela primeira vez o estilo sonoro da Bossa Nova: *Chega de Saudade* e *Outra Vez*.

Nascido em Juazeiro, no sertão da Bahia, em 10 de junho, João Gilberto sempre esteve envolvido com música na escola e em casa. Seu pai, um próspero comerciante, tocava cavaquinho e saxofone como amador, e incentivou o filho nessa área. Aos 18 anos, já em Salvador, integrou o elenco da Rádio Sociedade da Bahia. Em 1950, João vai para o Rio e passa a integrar o conjunto vocal Garotos da Lua, que chegou a gravar dois discos. Em 1954 conhece o produtor Carlos Machado, "O Rei da Noite", e participa do espetáculo *Esta Vida é um Carnaval*, sucesso de público e crítica.

Em 1955 passa um tempo em Porto Alegre, onde tem aulas com Radamés Gnatalli. É nesse período que desenvolve seu estilo musical. Antes de voltar ao Rio, passa um tempo em sua terra natal e compõe *Bim, Bom*, primeira música que transmite sua peculiar batida que tanto buscava em seus estudos. Em 1957, com apenas 26 anos, João retorna ao Rio e passa a mostrar sua descoberta a outros músicos, incluindo Roberto Menescal, que lhe apresenta a alguns dos mais importantes nomes da época, entre eles, Ronaldo Bôscoli, Miele, Carlos Lira e Nara Leão.

Mas foi a partir do encontro com Tom Jobim, que João Gilberto alcançou o sucesso. Encantado com o violão de João, Tom viu no músico uma oportunidade ímpar de modernizar o samba com a inclusão de novas harmonias e a simplificação do ritmo. Foi assim que chegou às mãos de João Gilberto, a nova canção que Tom fizera com seu parceiro musical, o 'poetinha' Vinícius de Moraes, *Chega de Saudade*.

Depois de participar do LP de Elizeth Cardoso, João lança em agosto de 1958 um compacto de 78 rpm com as duas canções que mudariam o panorama da música popular brasileira: *Chega de Saudade* e *Bim Bom*. O disco se torna um grande sucesso comercial primeiramente em São Paulo, chegando ao topo das paradas nas rádios. Foi essa gravação que despertou o interesse de Moracy do Val pelo som incomparável do genial músico. Meses depois ele gravaria mais outro

Desenho que ilustra a contracapa do LP *Chega de Saudade*, de João Gilberto.

VOCÊ E JOÃO GILBERTO SE DAVAM MUITO BEM, NÃO?

Ah, o João! Eu o conheço desde sempre! Pra mim ele é o maior nome do Brasil, pô! É a nossa identidade! João Gilberto é a tradição e a modernidade! Baiano, de Juazeiro, sempre fomos amigos. Não tem ninguém igual a ele...

MAS, COMO VOCÊS SE CONHECERAM?

Olha, nem lembro... Eu o conheci da Bossa Nova, quando ele lançou seu primeiro disco, *Chega de Saudade*, em 1959. Eu me lembro a primeira vez que eu ouvi João. Estava na Faculdade de Direito, morava na Casa do Estudante, na Avenida São João, quando ouvi *Bim Bom*... "*É só isso o meu baião*"... Eu desci as escadas e já tinha mais quatro caras, e eu falei: "Vocês ouviram?!" Era João Gilberto na rádio! Mudou tudo! Mudou tudo! O Brasil entrou na modernidade naquele ano! Eu fui para o Rio atrás do João, fui ver um show dele...

MAS VOCÊ NÃO LEMBRA DO PRIMEIRO ENCONTRO DE VOCÊS DOIS? ELE MORAVA NO RIO?

É, mas eu me lembro de a gente andar às duas, três horas da madrugada pelas ruas de São Paulo, parando nos bares. Eu estava começando minha carreira no jornalismo, mas já era louco pela música brasileira, por Noel Rosa, pela Bossa Nova. A gente se encontrava sempre. Até em Nova York! Certa vez fomos a um show da Morgana King no Village Gate, um nightclub que ficava na esquina da Thompson com a Bleecker Street, no Greenwich Village. Ela foi uma das maiores cantoras da noite de Nova York, uma linda voz para o blues. Fomos eu, minha mulher, o João Gilberto e a Miúcha. Na verdade, a Helô... nunca a chamei de "Miúcha". Para mim ela sempre foi a Heloisa Buarque de Hollanda. O João já estava separado da Astrud (*a cantora Astrud Gilberto*) e nos convidou para conhecer "uma cantora maravilhosa"! Ele dizia: "Ela canta como se fosse um vento soprando". Ela era genial. Depois do show, Morgana veio sentar em nossa mesa e o João me disse para conversar com ela

compacto com as músicas *Desafinado*, de Tom Jobim e Newton Mendonça, e *Hô-bá-lá-lá*, composição própria. Finalmente, em março de 1959 João Gilberto lança o LP que sedimentaria sua revolucionária forma de tocar: *Chega de Saudade*, que se torna outro enorme sucesso de vendas, e sua musicalidade inovadora torna-se moda no Brasil e no Mundo.

Em 1960, João Gilberto lança seu segundo LP, *O Amor, o Sorriso e a Flor*, também revolucionário, que dois anos depois chega aos Estados Unidos e abre caminho para a exportação da moderna música brasileira. Em 1962, João Gilberto participa de dois shows antológicos: no primeiro, se apresenta ao lado de Tom Jobim, Vinícius de Moraes, Os Cariocas, Milton Banana e Otávio Bailly em *O Encontro*, no restaurante Au Bom Gourmet, em Copacabana. O segundo acontece no dia 21 de novembro no Carnegie Hall, em Nova York, onde se apresentam também Tom Jobim, Luiz Bonfá, Agostinho dos Santos, Carlos Lyra, Caetano Zama, Sérgio Mendes, entre outros.

A partir daí, João passa a fazer shows em Nova York e decide morar na Big Apple. No ano seguinte começa a gravar o LP *Getz/Gilberto*, com Stan Getz, Astrud Gilberto – sua mulher na época –, Milton Banana, Tom Jobim e Tião Neto, que é lançado mundialmente em 1964. João é requisitado em outros países e faz turnês também pela Europa. Em 1965, João e Miucha se casam e no ano seguinte, ele se apresenta como um astro internacional no programa *O Fino da Bossa*, comandado por Elis Regina. E assim João Gilberto sempre será conhecido: como o maior divulgador da moderna música brasileira no mundo, e ganhador dos maiores prêmios nos Estados Unidos e na Europa, incluindo o Grammy.

• **NOEL** de Medeiros **ROSA** (1910 – 1937), compositor, cantor e um dos mais importantes sambistas brasileiros, nasceu em Vila Isabel, no Rio de Janeiro, e morreu prematuramente vítima de tuberculose, deixando um legado de canções que se tornaram clássicas, como *Com que roupa?*, de 1930, seu primeiro grande sucesso. Com apenas 13 anos aprendeu a tocar bandolin de ouvido, e logo passou para o violão. Trabalhou em algumas rádios, como a Mayrink Veiga e, em 1931, foi contrarregra e cantor do *Programa Casé*, grande sucesso da Rádio Philips. Compôs alguns dos mais importantes sambas e sucessos carnavalescos, como *Feitiço da Vila*, *Palpite Infeliz*, *Conversa de Botequim*, *Fita Amarela*, *O Orvalho Vem Caindo*, *Pierrô Apaixonado*, entre muitos outros. Em 1934, Noel conheceu aquela que seria a grande paixão de sua vida, a dançarina Ceci (Juraci Correia de Araújo) de apenas 16 anos, que se apresentava num cabaré da Lapa. A moça foi sua inspiração nos sambas *Pra Que Mentir?*, *O Maior Castigo Que Eu Te Dou*, *Só Pode Ser Você*, *Último Desejo*, além da marchinha *Linda Pequena*, que compôs com João de Barro.

Auto-retrato de Noel Rosa.

em português, pois ela adorava ouvir a fala brasileira. Esse encontro aconteceu no ano em que Garota de Ipanema explodiu. Depois, nos anos 70, Morgana trabalharia ao lado de Marlon Brando no filme *O Poderoso Chefão*.

Quando eu estava no Brasil e João Gilberto nos Estados Unidos, ele me ligava de noite, de madrugada, e a gente batia longos papos. Era maravilhoso! (*risos*). João é o cara que mais conhece a música brasileira e também a italiana. E tem aquela "maldade" no bom sentido... aquela ironia dos grandes caras! Era o retrato de um Brasil que nós queríamos. Quem também percebeu a importância do João foi o Álvaro de Moya, que era diretor da TV Excelsior. Ele produziu um programa antológico com o João Gilberto! Ele e o Cyro del Nero! É por isso que o João gosta tanto do Cyro e do Moya!

Paulinho e Ritinha, os mascotes da TV Excelsior, empresa que revolucionou a televisão no Brasil. Ao lado, Bibi Ferreira, que comandou o Brasil 60, um programa que marcou época na TV brasileira.

ÁLVARO DE MOYA FOI UM VISIONÁRIO À FRENTE DA TV EXCELSIOR...

Ele foi genial. A melhor televisão do Brasil foi quando o Moya dirigiu a TV Excelsior, que pertencia ao Simonsen, sócio da Panair do Brasil. Depois a ditadura chegou e varreu as empresas do Simonsen, varreu tudo...e aí, assim mesmo, o Canal 9 ainda aguentou alguns anos. Eu produzi na Excelsior o *Ensaio Geral* e lancei, Gil, Caetano, Edu... Todos começaram comigo lá, os primeiros shows de TV deles foram lá. Isso a História não conta, os caras esqueceram daquela fase, mas foi lá... Interessante, não é?

VOCÊ ERA AMIGO DE MUITAS PERSONALIDADES DO SHOW BUSINESS?

Sim, muito. Como jornalista, fiz grande amizade com Cacilda Becker e Sérgio Cardoso, por exemplo. Tinha boas relações com Maria Della Costa, Sandro Polônio, Bibi Ferreira [*foto*]. O caso da Bibi foi muito engraçado: brigou comigo porque na época eu escrevi na coluna que ela estava pensando em fazer uma convenção dos seus ex-maridos, de tantos que havia! Ficou muito brava! Certo dia eu estava tomando café num barzinho muito simples que

• Maria Grazia Morgana Messin (1930 – 2018), conhecida como **MORGANA KING**, cantora e atriz americana, começou sua carreira aos 16 anos cantando num nightclub no Greenwich Village em 1953, quando um executivo de uma gravadora a descobriu. Em 1956 ela lançaria seu primeiro álbum, *For You, For Me, For Evermore*. Seu repertório contém mais de 200 canções distribuídas em seus mais de 30 álbuns lançados. No cinema, atuou em cinco filmes, e sua estreia ocorreu em *O Poderoso Chefão*, filme de Franscis Ford Coppola, ganhador de três Oscar, incluindo o de Melhor Filme e Ator, para Marlon Brando.

• Heloísa Maria Buarque de Hollanda (1937 – 2018), conhecida como **MIÚCHA**, cantora, irmã de Chico Buarque, foi mulher de João Gilberto, com quem teve uma filha, a também cantora Bebel Gilberto. Nasceu no Rio, mas com 8 anos se muda para São Paulo. Em 1960 vai a Paris estudar História da Arte na École du Louvre. Em 1975 faz sua primeira gravação como cantora no LP *The Best of Two Worlds*, de João Gilberto e Stan Getz. Entre 77 e 79, torna-se parceira de Tom Jobim em dois discos, e participa do icônico espetáculo realizado no Canecão, no Rio de Janeiro, ao lado de Tom Jobim, Vinícius de Moraes e Toquinho.

• **GAROTA DE IPANEMA** é uma das mais conhecidas canções da Bossa Nova, composta por Vinícius de Moraes e Tom Jobim em 1962, e uma das músicas mais tocadas no mundo. Ela já foi ouvida em diversos filmes, entre eles *Procurando Nemo (Finding Nemo)* e *Os Irmãos Cara-de-Pau (The Blues Brothers)*. A versão em inglês – *The Girl from Ipanema*, escrita por Norman Gimbel –, foi interpretada por Frank Sinatra, Madonna, Amy Winehouse, entre outros.

• **MARLON BRANDO** (1924 – 2004), ator de cinema e teatro, é considerado uma das mais influentes personalidades do cinema americano, e respeitado por suas atuações em 39 filmes, entre os quais estão *Uma Rua Chamada Pecado (A Streetcar Named Desire)*, *O Selvagem (The Wild One)*, *Viva Zapata!*, *O Grande Motim (Mutiny on the Bounty)*, *O Último Tango em Paris (Last Tango in Paris)*, *Apocalypse Now*, além de *Sindicato de Ladrões (On the Waterfront)* e *O Poderoso Chefão (The Godfather)*, pelos quais ganhou o Oscar de Melhor Ator.

• **ÁLVARO DE MOYA** (1930 – 2017), jornalista, desenhista, roteirista, produtor, diretor de TV e cinema, é considerado um dos maiores especialistas de histórias em quadrinhos do mundo, autor de alguns dos mais importantes livros sobre o tema, como *Shazam!*, um marco da bibliografia do gênero. Em 1951 ajudou a organizar, em São Paulo, a primeira exposição internacional de quadrinhos. Foi capista oficial e desenhista das revistas Disney publicadas pela Editora Abril no início da década de 50. Em 1958,

Marlon Brando no papel que lhe rendeu o seu segundo Oscar: *O Poderoso Chefão*. Abaixo, Álvaro de Moya na TV Excelsior.

"Quando João Gilberto se acompanha, o violão é ele"

Meses depois de Elizeth Cardoso lançar o LP *Canção do Amor Demais*, mostrando pela primeira vez a batida da Bossa Nova em *Chega de Saudade* e *Outra Vez*, nas quais João Gilberto a acompanhava ao violão, chegava às lojas o LP *Chega de Saudade*. Foi uma revolução enorme no mercado musical brasileiro e a nova batida criada por João tornou-se moda e inspirou toda uma geração. Em texto de apresentação deste LP, Tom Jobim já antevia a importância de João Gilberto para a MPB:

"João Gilberto é um baiano, 'bossa-nova' de vinte e sete anos. Em pouquíssimo tempo influenciou toda uma geração de arranjadores, guitarristas, músicos e cantores. Nossa maior preocupação neste 'long-playing' foi que Joãozinho não fosse atrapalhado por arranjos que tirassem sua liberdade, sua natural agilidade, sua maneira pessoal e intransferível de ser, em suma, sua espontaneidade. Nos arranjos contidos neste 'long-playing', Joãozinho participou ativamente; seus palpites, suas ideias, estão todas aí. Quando João Gilberto se acompanha, o violão é ele. Quando a orquestra o acompanha, a orquestra também é ele. João Gilberto não subestima a sensibilidade do povo. Ele acredita que há sempre lugar para uma coisa nova, diferente e pura, que – embora à primeira vista não pareça – pode se tornar, como dizem na linguagem especializada: altamente comercial. Porque o povo compreende o Amor, as notas, a simplicidade e a sinceridade. Eu acredito em João Gilberto porque ele é simples, sincero e extraordinariamente musical.
Antonio Carlos Jobim
P.S. – Caymmi também acha."

João Gilberto em foto publicada no LP *Chega de Saudade*, lançado em março de 1959.

estagiou na CBS TV, de Nova York, quando aproveitou para entrevistar personalidades do cinema e dos quadrinhos para a *Folha de S.Paulo*. Ao retornar ao Brasil, aceitou o convite para ser diretor e produtor na TV Excelsior, onde criou os parâmetros de qualidade que foram seguidos, anos depois, pela TV Globo. Sob sua direção, a Excelsior foi a primeira no Brasil a usar o sistema de programação horizontal e vertical, além de ter pontualidade na exibição de seus programas. Anos mais tarde foi produtor da novela *Os Imigrantes*, de Benedito Ruy Barbosa, na TV Bandeirantes, e diretor na TV Tupi.

• **Mário Wallace Simonsen** (1909 – 1965), empresário, foi um dos homens mais importantes e influentes do Brasil. À frente de seu tempo, ele criou um conglomerado de mais de 30 importantes empresas, entre as quais a Companhia Melhoramentos, o Banco Noroeste, a Panair – que era a mais admirada companhia de aviação do País –, a Excelsior – a emissora que mudou o jeito de se fazer televisão –, a Comal e a Wasin – maior grupo de exportação e distribuição de café do Brasil –, além de ter criado o Sirva-se, primeiro supermercado do Brasil, e a Rebratel, empresa que possibilitou a primeira transmissão de TV ao vivo entre Rio e São Paulo, de um jogo de futebol no Maracanã. Mas Simonsen sofreu um processo de perseguição depois do golpe militar de 1964 e teve seu patrimônio confiscado pelo regime. Um ano depois de instalada a ditadura, o empresário morreu de infarto em Paris.

• **Sérgio** Fonseca de Mattos **Cardoso** (1925 – 1972), ator, iniciou sua carreira no Teatro Universitário do Rio de Janeiro, transferindo-se depois para São Paulo, onde entra para o TBC –Teatro Brasileiro de Comédia. Em 1949 fundou sua própria companhia, o Teatro dos Doze, em sociedade com a esposa, a atriz Nydia Lícia. Atuante em teatro, cinema e televisão (onde participou de 13 novelas), estava no auge da fama quando foi vítima de um ataque cardíaco fatal, com apenas 47 anos. Mais de vinte mil pessoas acompanharam o seu enterro. O antigo teatro da Companhia dos Doze hoje leva o seu nome, em São Paulo.

• Gentile **Maria** Marchioro **Della Costa** Poloni (1926 – 2015), atriz, membro do grupo *Os Comediantes*, funda em 1948 com o marido Sandro Polônio, o Teatro Popular de Arte. Em 1954 inaugura o Teatro Maria Della Costa, em São Paulo. Atuou em cerca de 30 peças, dez filmes e seis novelas.

• Alexandre Marcello Polloni (1921 – 1995), conhecido como **Sandro Polônio**, ator e produtor teatral. Fundou o Teatro Popular de Arte e depois a Companhia Maria Della Costa. No cinema, atuou em dez filmes.

• Abigail Izquierdo Ferreira, **Bibi Ferreira** (1922 – 2019), atriz e diretora. Filha do ator Procópio Ferreira e da bailarina espanhola Aída Izquierdo, estreou nos palcos ainda bebê, substituindo uma boneca que foi perdida pouco antes do início do espetáculo. Foi uma festejada atriz mirim, estudou balé, e estreou profissionalmente como atriz em 1941 na peça *La Locandiera*. Três anos depois montou sua própria companhia

Sérgio Cardoso caracterizado como Antônio Maria na revista *Intervalo*, de 29 de setembro de 1968 publicada pela Editora Abril. A foto da capa é de J. Ferreira da Silva.

tinha em frente ao Cultura Artística, na Rua Nestor Pestana – não era aquele bar chique escandinavo que tinha lá perto também, era outro, bem simples –, e ela me chamou, reclamando muito do que eu tinha escrito. Depois disso nós conversamos e nos tornamos amigos. Ela era sensacional. Única. Dava festas incríveis na casa dela, no bairro do Jabaquara, e oferecia o que havia do bom e do melhor para aquele bando de gente dura e maravilhosa da classe teatral.

ANTIGAMENTE O CONTATO ENTRE OS JORNALISTAS E OS ARTISTAS ERA MUITO MAIS PRÓXIMO, NÃO?

Muito, muito. Todos se encontravam no Gigetto. Mas naquela época São Paulo tinha poucos teatros, se compararmos aos mais de 150 que a cidade tem hoje. E não havia a presença do assessor de imprensa intermediando tudo, como é atualmente. Numa mesma mesa, ou próxima, era fácil encontrar, por exemplo, Bibi Ferreira, Dercy Gonçalves, Tarcísio Meira, Fúlvio Stefanini, Hilton Vianna, Adones de Oliveira, todos juntos. E quem chegava para conversar ia ficando, sem nenhum problema.

Procópio Ferreira era meu amigo também. Lembro que ele havia feito uma peça de Lauro César Muniz chamada *A Infidelidade ao Alcance de Todos*, com Glória Menezes, Altair Lima, Francisco Cuoco, Rosamaria Murtinho e Rodolfo Mayer. Que elenco! Era o melhor da nova geração com os melhores veteranos. E Procópio era uma figura ímpar: ele já tinha cerca de 60 anos e chegava no Gigetto sempre acompanhado de garotinhas bem novinhas. E chegava uma determinada hora ele falava: "Bem, vocês vão me dar licença porque já é tarde e eu preciso devolver as meninas de volta ao Juizado de Menores" [*risos*]. Procópio era realmente o maior! Por sugestão minha, Altair Lima batizou de 'Procópio Ferreira', o antigo cinema, por ele transformado em teatro, lá no final da Rua Augusta.

E NA ÁREA DO CINEMA?

Eu me dava bem com Walter Hugo Khouri e também era amigo do seu irmão, William. Mas eu, como vários jornalistas daquela época, só gos-

Desenho publicado no jornal *Última Hora*: Procópio Ferreira caricaturado por Mendez. Abaixo, Walter Hugo Khouri na segunda metade da década de 80.

teatral e não parou mais. Atuando ou dirigindo, participou de alguns dos grandes espetáculos teatrais e musicais montados no Brasil. Entre eles, *Minha Querida Dama* (*My Fair Lady*), *Brasileiro*, *Profissão: Esperança*, *O Homem de La Mancha*, *Gota d'Água*, *Deus Lhe Pague*, *Piaf* e tantos outros.

• **GIGETTO**, tradicional restaurante de comida italiana fundado no centro da capital paulista em 1938. Transferido anos depois para a Rua Nestor Pestana, ao lado de teatros e das Redações de grandes jornais, o restaurante passou a ser ponto de encontro das classes teatral e jornalística da cidade. Gigetto é o diminutivo de Gigio, que por sua vez é o apelido de Luigi D'Olivio, um de seus fundadores, ao lado de José Enrico Lenci. Lutando contra a crise, o restaurante acabou fechando em 2016.

• Dolores Gonçalves Costa, ou **DERCY GONÇALVES** (1907 – 2008), atriz, humorista e cantora de origem extremamente humilde, começou sua carreira no teatro de revista carioca, ganhando depois os palcos, as telas e as televisões de todo o país. Atuou em mais de 20 filmes, em cerca de 30 novelas e especiais de TV, e em mais de 70 espetáculos teatrais. Foi reconhecida pelo *Guiness Book* como a atriz de carreira mais longeva da história mundial: 86 anos.

• Tarcísio Magalhães Sobrinho, mais conhecido como **TARCÍSIO MEIRA** (1935 –), ator de cinema, teatro e televisão, é um dos mais populares galãs das telenovelas brasileiras. Estreou no teatro em 1957, na peça *A Hora Marcada*, e na televisão dois anos depois na TV Tupi na peça *Noites Brancas*. Em 1963 estréia no cinema ao lado de Mazzaropi no filme *Casinha Pequenina*. Forma com sua esposa, Glória Menezes, um dos mais populares casais românticos da história da televisão. Atuou em mais de 50 novelas e seriados de TV, e em mais de 20 filmes.

• **FÚLVIO** SÉRGIO **STEFANINI** (1939 –), ator, estreou na televisão em 1955 no programa *TV de Vanguarda*, da Tupi, e no cinema dois anos depois em *Absolutamente Certo*. Carismático e de forte apelo popular, já esteve em mais de 50 telenovelas, incluindo *Gabriela*, e mais de dez filmes.

• **HILTON VIANNA** (1931 – 2017), jornalista, iniciou sua carreira nos Diários Associados. Ficou conhecido pelo grande público ao atuar como jurado em diversos programas de auditório da TV. Também foi ator e cantor.

• **ADONES** Alves **DE OLIVEIRA** (1936 – 2014), jornalista especializado em música e cultura popular brasileira, formado em Filosofia e Letras. Começou como repórter da revista *Radiolândia*, no Rio de Janeiro. Mudou-se

Dercy Gonçalves começou no teatro de revista carioca, rompeu barreiras e foi a atriz com carreira mais longeva do mundo.

MORACY DO VAL SHOW!

61

Entrevistando Astrud Gilberto. Moracy está sentado à direita. À esquerda, Oscar Castro Neves. Com microfone: Murilo Antunes Alves. Astrud foi casada com João Gilberto e se notabilizou mundialmente com a canção *The Girl from Ipanema*. Em 1963 participou do álbum Getz/Gilberto, ao lado de seu marido e do saxofonista Stan Getz, com arranjos de Tom Jobim.

para São Paulo na década de 60, e trabalhou na *Última Hora*, *O Estado de S.Paulo* e *Folha de S.Paulo*, além das revistas *IstoÉ* e *Nova* e das TVs Globo e Bandeirantes.
• João Álvaro de Jesus Quental Ferreira, ou **Procópio Ferreira** (1898 – 1979), um dos maiores nomes do teatro brasileiro de todos os tempos. Foram 62 anos de carreira, onde interpretou mais de 500 personagens em 427 peças. Atuou também em 14 filmes e escreveu 4 livros.
• **Lauro César Muniz** (1938 –) escritor, roteirista, dramaturgo e um dos mais conhecidos autores de telenovelas do Brasil, com mais de 30 obras. Entre as mais conhecidas estão *O Salvador da Pátria*, *Araponga*, *O Casarão*, *Escalada* e *Os Deuses Estão Mortos*. Como colaborador, roteirista ou corroteirista de cinema, participou de *Independência ou Morte*, *A Superfêmea*, *O Crime do Zé Bigorna* e *A Próxima Vítima*.
• Nilcedes Soares Guimarães ou **Glória Menezes** (1934 –), formou com o marido Tarcísio Meira um dos mais populares casais das telenovelas brasileiras. Atuou em cerca de 40 novelas (incluindo *Irmãos Coragem*, *O Semideus*, *Cavalo de Aço*, *O Grito*, *Espelho Mágico*, *Guerra dos Sexos*) e em oito filmes, entre eles o clássico *O Pagador de Promessas*, que marcou sua estreia nas telas.
• Altair Vieira Pinto ou **Altair Lima** (1936 – 2002), ator em 30 novelas e minisséries de TV (entre elas, *A Última Testemunha*, *O Leopardo*, *A Viagem*, *Os Imigrantes* e *Xica da Silva*) e em cinco filmes. No teatro, marcou época em *Hair* e *Jesus Cristo Superstar*.
• **Francisco Cuoco** (1933 –), filho de feirantes de origem humilde, é um dos atores mais populares da televisão. Interpretou personagens antológicos em cerca de 60 novelas e seriados, como os gêmeos Carlos e Lúcio de *Sangue do Meu Sangue*, Cristiano Vilhena de *Selva de Pedra*, Carlão de *Pecado Capital*, Herculano Quintanilha de *O Astro*. No teatro, atuou em cerca de 30 espetáculos e no cinema, participou de dez filmes.
• **Rosa Maria** Pereira **Murtinho** (1935 –), atriz, queria estudar Direito mas entrou no teatro amador por influência de seu irmão. Deu certo. Já atuou em mais de 50 novelas e especiais de TV, além de dez filmes.
• **Rodolfo** Jacob **Mayer** (1910 –1985), ator, iniciou sua carreira ainda adolescente em radionovelas da Record. Construiu uma sólida carreira de 110 peças teatrais, 16 filmes e 25 telenovelas. Atuou durante 20 anos no monólogo *As Mãos de Eurídice*, onde somou mais de 4.000 apresentações. Estima-se que tenha atuado em mais de 400 radionovelas.
• **Walter Hugo Khouri** (1929 – 2003), um dos mais conceituados e premiados cineastas brasileiros, realizou 25 filmes sempre numa linha erótico-existencialista. Entre eles, *Noite Vazia*, *Eros o Deus do Amor*, *O Anjo da Noite*, *As Amorosas*, *Amor Estranho Amor*.
• **Ingmar Bergman** (1918 – 2007), foi um dos mais influentes dramaturgos e cineastas de sua geração. Escreveu e/ou dirigiu 56 longas metragens, além de dezenas de dramatizações para rádio, teatro e televisão. Entre seus filmes mais cultuados estão *O Sétimo Selo*, *Fanny e Alexander*, *Morangos Silvestres*, *Sonata de Outono*.

Ingmar Bergman durante produção de *Morangos Silvestres* (*Smultronstället*), filme lançado em 1957.

tava de filmes de esquerda, engajados. E o Khouri queria ser Bergman, queria ser Antonioni, e foi um dos grandes. Eu preferia Glauber, o Cinema Novo, Nelson Pereira dos Santos, Ruy Guerra. Tanto que nós, jornalistas, arrasávamos o Mazzaropi, que era outra figura marcante, que inclusive foi à estreia do filme *O Menino da Porteira* nos dar um abraço, em mim e no meu sócio, Carlos Raele. Na época, nós oferecemos *O Menino da Porteira* para o Mazzaropi distribuir, mas ele não quis, porque achou que o filme iria fazer concorrência aos próprios lançamentos. E ironicamente, anos depois, a nossa empresa, Reserva Especial, se tornou a maior distribuidora de vídeo dos 34 filmes do Mazzaropi.

E COMO VOCÊ ACABOU SENDO UM DOS FUNDADORES DO NOTÍCIAS POPULARES?

Eu já tinha saído da *Última Hora* quando Jean Mellé me levou para fazer a coluna de artes e variedades no *Notícias Populares*. Mellé era aquele jornalista romeno que se ligou ao Herbert Levy e fundou o *Notícias Populares*. Foi ele que me convidou. Engraçado é que os leitores que já me conheciam da *Última Hora* passaram a ler minha coluna, agora no *Notícias Populares*.

E A EXPERIÊNCIA DE TRABALHAR COM IMPRENSA POPULAR?

As pessoas têm preconceito, mas neste tipo de jornalismo há grandes profissionais. O *Notícias Populares*, por exemplo, tinha o Ramon Gomes Portão, que além de grande repórter policial também era um excelente escritor das histórias da região da Boca do Lixo, no centro de São Paulo. E também Rui Falcão, ex-presidente do PT.

Outro jornal popular daquela época era o *Diário da Noite*, que fazia uma concorrência feroz com a *Última Hora*. Tanto que se na foto de um destes jornais aparecesse por acaso um repórter do concorrente, o departamento de arte dava um jeito de retocar a foto para que ele não fosse reconhecido, pintando óculos escuros ou barba no sujeito. [risos]

O *NP*, mesmo sendo totalmente popular, dava espaço para cinema, teatro e show business, o que é impensável nos dias de hoje. Dava muito espaço. E eu

- **MICHELANGELO ANTONIONI** (1912 – 2007), um dos mais importantes cineastas italianos dos anos 40, 50 e 60. De estilo introspectivo e existencialista, realizou 32 filmes, entre eles os clássicos *A Noite*, *O Eclipse*, *Zabriskie Point*, *Blow Up* e *Profissão: Repórter*.
- **GLAUBER** de Andrade **ROCHA** (1939 – 1981), um dos mais polêmicos cineastas brasileiros, tido como o maior representante do Cinema Novo, dirigiu seis curtas e onze longas, entre eles *Deus e o Diabo na Terra do Sol*, *O Dragão da Maldade Contra o Santo Guerreiro* e *Terra em Transe*. De personalidade irrequieta e hiperativa, escreveu livros, publicou inúmeros artigos e participou como comentarista e cronista em programas de TV.
- **CINEMA NOVO**, movimento estético-social que pregava que os filmes brasileiros deveriam retratar, refletir e denunciar a realidade do Brasil, priorizando o conteúdo sobre a técnica. Seu marco inicial foi *Rio 40 Graus*, dirigido por Nelson Pereira dos Santos em 1955. Joaquim Pedro de Andrade, Ruy Guerra, Leon Hirzsman, Cacá Diegues e Glauber Rocha são alguns cineastas que representaram o movimento. Tendo como lema "Uma ideia na cabeça e uma câmera na mão", o Cinema Novo até consegue uma sobrevida após o golpe de 64, mas não resiste à truculência do AI-5.
- **NELSON PEREIRA DOS SANTOS** (1928 – 2018) um dos mais conceituados cineastas do Brasil. Eclético, transita com facilidade pelos vários gêneros e correntes cinematográficas, incluindo drama social (*Rio Zona Norte* e *Rio 40 Graus*), comédia de costumes (*Azyllo Muito Louco*), documentário (*A Música Segundo Tom Jobim*), minissérie para TV (*Casa Grande e Senzala*), grandes adaptações literárias (*Memórias do Cárcere* e *Vidas Secas*) e até um musical sertanejo (*Estrada da Vida*). Entre curtas, longas e minisséries, dirigiu 28 títulos.
- **RUY** Alexandre **GUERRA** Coelho Pereira (1931 –), roteirista e diretor de cinema nascido em Moçambique e radicado no Brasil. Realizou 13 longas metragens, entre eles, *Os Cafajestes*, *Os Fuzis*, *Erêndira* e *A Ópera do Malandro*.
- Amácio **MAZZAROPI** (1912 – 1981), ator, diretor, roteirista, produtor e distribuidor cinematográfico, foi um dos financeiramente mais bem sucedidos cineastas e empresários do cinema brasileiro. Iniciou sua carreira em circo e teatro popular, passando depois para rádio, televisão e cinema. Personificando o estereótipo do típico caipira paulista, foi um grande sucesso de público nas telas, onde esteve em 32 longas.
- **JEAN MELLÉ** (1910-1971), jornalista romeno fundador do jornal *Momentul*, de oposição ao regime de Stalin. Em 1947, foi preso e enviado para a Sibéria após publicar uma edição com a manchete "Russos estão roubando o pão do povo". Após dez anos de trabalhos forçados, foi libertado e emigra para o Brasil em 1959. Na capital paulista, trabalha em vários jornais até fundar, com Herbert Levy, seu próprio jornal, o histórico *Notícias Populares*.
- **HERBERT** Victor **LEVY** (1911 –2002), empresário, político e banqueiro, fundador do Banco da América, que se fundiu ao Itaú em 1969. Fundou também os jornais

Irrequieto, Glauber Rocha, maior símbolo do movimento Cinema Novo, foi também jornalista e escritor.

falava de peças sérias, escrevia para o *Notícias Populares* da mesma forma como se eu estivesse escrevendo para qualquer jornal de classe média ou alta.

NÃO TINHA ESTA ORIENTAÇÃO DE NIVELAR POR BAIXO PARA ACOMPANHAR O PÚBLICO?

De jeito nenhum. A minha coluna tinha, por exemplo, uma estreia de teatro ou cinema, um comentário e uma entrevista. Tinha muitos leitores! Sentia-se a repercussão. Sentíamos que uma peça de teatro poderia fazer mais sucesso porque saía nas colunas. Na *Última Hora*, a coluna se chamava *Show Business*, mas como muita gente tinha dificuldade em falar a palavra "business" corretamente, eu abreviei para *Showbiz*, uma terminologia que já existia na imprensa dos Estados Unidos. Quando eu saí da *Última Hora* e fui para o *Notícias Populares*, o nome da coluna passou a ser *Moracy do Val Show*. Na mesma época, fui para a TV Record falar sobre show business no telejornal da noite, *Record em Notícias*.

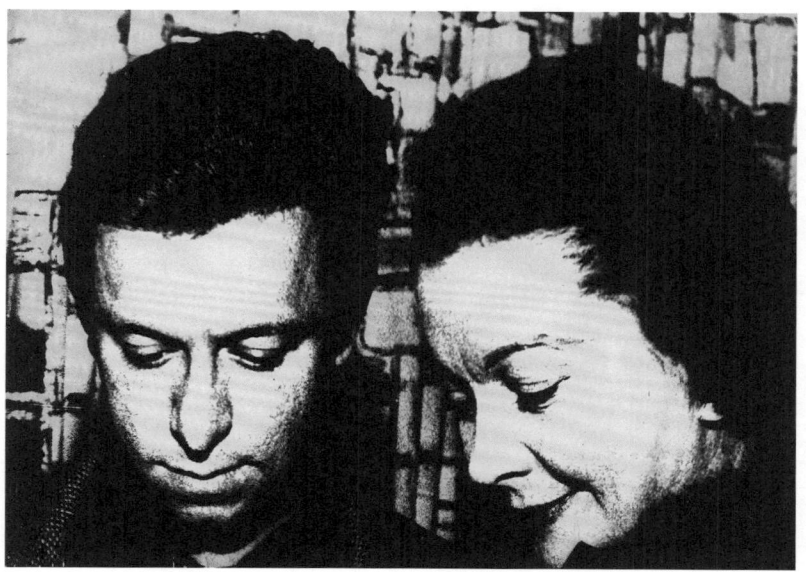

Moracy ao lado de Vivien Leigh em 1964, quando da visita da atriz a São Paulo.

COMO E QUANDO VOCÊ PASSA A SE DEDICAR MAIS À PRODUÇÃO DE SHOWS?

Eu sempre produzi shows musicais, desde a época da *Última Hora*. Eu, Solano, Luiz Vergueiro e Franco Paulino, produzimos *Noites de Bossa*, no Teatro de Arena. Todas as segundas-feiras, que era o dia de folga dos teatros, aproveitávamos esta brecha e produzíamos este show, onde divulgávamos a chamada Bossa Paulista. Ali se apresentavam tanto novos valores da Bossa Nova, como também nomes já

Gazeta Mercantil e *Notícias Populares*. Foi deputado federal por dez mandatos consecutivos, entre 1947 e 1987.

• **FRANCO PAULINO** dos Santos Martires Filho, (1941 – 2017) jornalista, publicitário e pesquisador de MPB. Escreveu o livro *Padeirinho da Mangueira, Retrato Sincopado de um Artista*.

• Antônio Pecci Filho ou **TOQUINHO** (1946 –), compositor, músico e cantor, aprendeu a tocar violão com Paulinho Nogueira. Foi parceiro de Chico Buarque e Jorge Ben Jor antes de firmar sua mais famosa parceria, com Vinícius de Moraes, que resultou em 120 canções, 25 discos e cerca de mil shows em onze anos.

• **MARÍLIA MEDAGLIA** (1944 –), também conhecida como Marília Medalha, cantora, compositora e atriz, participou, em 1965, da montagem da peça *Arena Conta Zumbi*, ganhando o prêmio APCA de Atriz Revelação. Em 67, consagrou-se como intérprete de *Ponteio*, de Edu Lobo, no Festival de MPB da Record. A partir de 1970 faz shows, apresentações e discos cantando músicas de Vinícius de Moraes. Gravou sete álbuns.

• Teófilo Augusto de Barros Neto ou **THÉO DE BARROS** (1943 –), compositor, violonista e arranjador, conhecido principalmente por suas canções *Disparada* (com Geraldo Vandré) e *Menino das Laranjas* (gravada por Elis Regina). Com Heraldo do Monte, Airto Moreira e Hermeto Pascoal formou o *Quarteto Novo*, que acompanhou Edu Lobo e Marília Medalha na música *Ponteio*.

• **BADEN POWELL** de Aquino (1937 – 2000), músico, compositor e um dos mais virtuosos violonistas do Brasil. Entre sua extensa discografia, parte deles produzida na Europa, destacam-se composições como *Xangô*, *Simplesmente*, *Braziliense*, *Horizon*, *Tristeza e Solidão*, *Samba Triste*, *Canto de Ossanha*, etc.

• **PAULINHO NOGUEIRA** (1929 – 2003), cantor, compositor e violonista, inventou e desenvolveu, junto com a fábrica de instrumentos musicais Giannini, a Craviola, um tipo de violão acústico que proporciona um som similar ao cravo e à viola caipira. Sua discografia soma mais de 30 álbuns.

• Marcus **VINÍCIUS** da Cruz **DE** Melo **MORAES** (1913 – 1980), diplomata, dramaturgo, poeta, jornalista, compositor, boêmio, um dos mais importantes e populares letristas da história da música popular. Parceiro de Tom Jobim, Toquinho, Baden Powell, João Gilberto, Chico Buarque, Carlos Lyra, entre outros, assinou centenas de canções, como *Água de Beber*, *A Felicidade*, *Ela é Carioca*, *Chega de Saudade*, *Insensatez*, *Se Todos Fossem Igual a Você*, *Aquarela*, *Tarde em Itapoã*, *Minha Namorada*, *Arrastão*, *Gente Humilde*, e o maior clássico da Bossa Nova, *Garota de Ipanema*, em parceria com Tom Jobim. Escreveu quatro peças de teatro, com destaque para *Orfeu da Conceição*, e gravou 30 discos.

• **ZIMBO TRIO**, grupo musical instrumental formado em 1964 por Luís Chaves (contrabaixo), Rubinho (bateria) e Amilton Godoy (piano). O nome foi retirado do dicionário afro-brasileiro, e significa boa sorte e felicidade. Em 65, o trio passou a fazer acompanhamento fixo do programa

Antes de ser parceiro de Vinícius de Moraes, Toquinho (*abaixo*) compôs com Jorge Ben Jor e Chico Buarque.

consagrados. Foi no Arena que lançamos muita gente boa, como Toquinho, Marília Medalha, Théo de Barros. Uma das primeiras apresentações do Chico Buarque, foi lá. E vários outros nomes consagrados, como Baden Powell e Paulinho Nogueira. O Teatro de Arena era pequeno, com 150 lugares, mas todas as segundas-feiras colocávamos de 300 a 400 pessoas lá dentro. Foi um enorme sucesso!

VOCÊ FAZIA TUDO ISSO SEM DEIXAR DE SER JORNALISTA?

Claro! Era a minha coluna que alimentava esse movimento da Bossa Paulista. Com uma certa alteração no contexto, usei aquela frase do Vinícius de Moraes, que dizia que 'São Paulo era o túmulo do samba', para causar polêmica. Tudo meio combinado entre mim e o Vinícius. Muita gente de muito talento se apresentou no *Noites de Bossa*: Zimbo Trio, Sambalanço (do César Camargo Mariano, também lançado por nós), Geraldo Vandré, Pedrinho Mattar, além dos irmãos Adylson e Amilson Godoy. E vinha o pessoal do Rio também, como o Tamba Trio, Alaíde Costa, Carlos Lyra.

Ary Toledo, que estourou no mercado de discos com *Pau de Arara*, uma canção que fazia parte do musical *Pobre Menina Rica*, de Carlos Lyra e Vinícius, também se apresentava no *Noites de Bossa*. Foi com o LP *Ary Toledo no Fino da Bossa*, produzido por mim e pelo Manoel Barenbein, gravado a partir de apresentações dele no programa *O Fino da Bossa*, direto do Teatro Record, que Ary Toledo desbancou Roberto Carlos do primeiro lugar da lista dos mais vendidos com a música *Pau de Arara*. O técnico de som dessas gravações ao vivo foi, simplesmente, o Zuza Homem de Mello.

Cesar Camargo Mariano durante as gravações do primeiro disco do Sambalanço Trio. Ao lado, compacto de Ary Toledo, com Pau de Arara, um grande sucesso musical na época.

O Fino da Bossa, da TV Record, conquistando enorme popularidade. Em 1973, junto com o baterista João Rodrigues Ariza, o grupo fundou em São Paulo o Centro Livre de Aprendizagem Musical – CLAM, uma escola sem separações entre o erudito e popular. Com dezenas de discos gravados, Zimbo Trio permaneceu na ativa até 2013, quando um desentendimento com a família do baterista Rubens Barsotti, adoentado, impediu a continuidade do nome.

- **SAMBALANÇO TRIO**, grupo instrumental formado em 1964, em São Paulo, por César Camargo Mariano (piano), Humberto Claiber (baixo) e Airto Moreira (bateria).
- Antônio **CÉSAR CAMARGO MARIANO** (1943 –), músico, produtor e arranjador, formou o grupo *Três Américas* em 1962, o *Quarteto Sabá* em 63, o *Sambalanço Trio* em 64 e o *Som Três* em 66. Em 69 é contratado pela TV Record como instrumentista e arranjador. Casa-se com Elis Regina, de quem se torna diretor musical, produtor e arranjador. Atua no Brasil até 94, quando se muda para os Estados Unidos para produzir o compositor japonês Sadao Watanabe.
- **PEDRINHO MATTAR** (1936 – 2007), pianista, executava tanto peças clássicas como populares, acompanhando importantes cantores em bares da noite paulistana. Foi produtor musical do *Programa Bibi Ferreira* na televisão, e apresentador do programa de TV *Pianíssimo*.
- Os irmãos **ADYLSON** e **AMILSON GODOY** são maestros, pianistas, compositores, arranjadores. Adylson é cantor e foi Diretor Musical dos programas *Fino da Bossa*, *Corte Royal Show* e *Hebe Camargo*, além de diretor do programa *Boa Tarde Cartaz*. Tem mais de 150 músicas gravadas. Amilson (1945 –) é professor e integrou os Grupos Bossa Jazz Trio e Medusa. Introduziu a música popular no ensino acadêmico e atuou na implantação da Universidade Livre de Música.
- **TAMBA TRIO**, grupo musical formado no Rio de Janeiro, nos anos 60, como acompanhantes da cantora Maysa. Sua formação original (Luiz Eça, Bebeto Castilho e Hélcio Milito) foi alterada cinco vezes até os anos 90. De 1967 a 70 o grupo passou a atuar como quarteto, alterando seu nome para *Tamba 4*, mas retornando ao formato original em 71. O grupo foi descontinuado em 1992, com a morte de Luiz Eça. Gravaram 14 discos.
- **ALAÍDE COSTA** Silveira Mondin Gomide (1935 –), cantora e compositora, consagrou-se em 1964 com a canção romântica *Onde Está Você?* Uma das grandes referências vocais da Bossa Nova, participou dos principais programas de TV do país, e de grandes festivais nacionais e internacionais de música.
- **CARLOS** Eduardo **LYRA** Barbosa (1936 –) cantor, compositor e violonista, fez parceria com Roberto Menescal, Ronaldo Bôscoli e Vinícius de Moraes, entre outros. Foi um dos grandes compositores da Bossa Nova, ritmo que gostava de misturar com o samba. Entre suas canções mais populares estão *Maria Ninguém*, *Minha Namorada*, *Ciúme*, *Lobo Bobo*, *Menina*, *Maria Moita* e *Se é Tarde me Perdoa*. Foi um dos fundadores do Centro Popular de Cultura

Foto usada no compacto que Alaíde Costa lançou em 1972.

Talentos como Pedrinho Mattar se apresentaram no programa *Noites de Bossa*.

VOCÊ TAMBÉM CHEGOU A PRODUZIR ARY TOLEDO.
Produzi o espetáculo *A Criação do Mundo Segundo Ary Toledo*, com texto de Chico de Assis, no Teatro de Arena. Como eu ganhei dinheiro com esse show! Ary ganhava tanto que colocava tudo dentro do violão, para sair do teatro sem que ninguém percebesse que ele estava carregado de notas.

COMO VOCÊ CONHECEU ARY TOLEDO?
Como jornalista. Ary era ator, e estava fazendo a peça *A Viagem*, com Ruth Escobar. A Ruth Escobar era maravilhosa! Diziam que não pagava ninguém, mas todos queriam estar em suas produções.

COMO NÃO PAGAVA?
Ela tinha fama de mão fechada, e era mesmo. Diziam que uma vez ela teria pago o Jô Soares com um cheque de 1.200... nem lembro qual era a moeda corrente na época. Jô foi ao banco sacar o cheque e ficou sabendo que o saldo da Ruth era menor. Ele perguntou então ao caixa quanto faltava para completar os 1.200 e o caixa falou que faltavam 400. Jô então inteirou do próprio bolso os 400 que

da UNE, diretor musical do Teatro de Arena e da Rádio Nacional. Possui uma discografia com mais de 20 títulos, além de trilhas sonoras para filmes e peças de teatro.

• **Ary** Christoni de **Toledo** Piza (1937 –), humorista, compositor e ator. Começou sua carreira como ator no Teatro de Arena. Após o seu grande sucesso interpretando a música *Pau de Arara*, de Vinícius de Moraes e Carlos Lyra, passou a se dedicar ao mercado de espetáculos e discos cômicos, onde permanece até hoje como um dos mais populares do país. Afirma ter mais de 30 mil piadas em seus arquivos.

• **Manoel Barenbein** (1942 –), produtor musical, começou na gravadora RGE, onde produziu músicos como Toquinho e Chico Buarque. Em 1967 foi para a Phillips (hoje, Universal) e logo produziu LPs para o 3° Festival de Música da Record. Também trabalhou na produção do histórico LP *Tropicália ou Panis Et Circensis*, além de produzir nomes como Jair Rodrigues, Ronnie Von, Erasmo Carlos e Rita Lee. Um de seus méritos foi o de convencer Chico Buarque a gravar suas próprias músicas.

• José Eduardo Homem de Mello, conhecido como **Zuza Homem de Mello** (1933 –), jornalista, produtor e diretor musical, começou assinando colunas sobre Jazz nos jornais *Folha da Noite* e *Folha da Manhã*, em São Paulo. Em 1959 vai para a TV Record e trabalha nos célebres festivais de MPB da emissora. Nos anos 70 dirige a série de shows *O Fino da Música*, no Anhembi, em São Paulo. A partir de 77, trabalha na Rádio Jovem Pan, *O Estado de S.Paulo*, e nas revistas *Som Três* e *Nova*. Em 82, planeja e coordena a série de fascículos *História da Música Popular Brasileira*, da Editora Abril, junto com Tárik de Souza. Publicou *Música Popular Brasileira Cantada e Contada*, *A Canção no Tempo* (em co-autoria com Jairo Severiano), *João Gilberto*, *A Era dos Festivais* e *Copacabana*.

• Francisco de Assis Pereira, ou **Chico de Assis** (1933 – 2015), dramaturgo, começou ainda adolescente a conhecer o ambiente de televisão ao trabalhar como câmera-man na TV Tupi, onde permaneceu até 1957 desempenhando inúmeras funções e escrevendo seus primeiros textos. Em 58 participa do Teatro de Arena, onde atua como ator. Dedicou-se ao estudo da literatura de cordel e escreveu mais de 30 peças.

• José Eugênio Soares (1938 –) ou **Jô Soares**, humorista, apresentador, escritor, dramaturgo, diretor e ator dos mais conhecidos, graças principalmente à sua intensa presença na TV. Atuou em programas de sucesso como *Família Trapo*, *Faça Humor, Não Faça Guerra*, *Satiricom*, *Planeta dos Homens* e *Viva o Gordo*. Manteve um talk show na TV desde 1988, primeiro no SBT e posteriormente na Globo. Escreveu oito livros e atuou em mais de 20 filmes.

• **Paulo Cotrim** (1932 – 1997), advogado, empresário, jornalista e gastrônomo, foi proprietário do icônico João Sebastião Bar, no centro da capital paulista, ponto de encontro de artistas e intelectuais nos anos 50 e 60. Foi pioneiro da crônica gastronômica em jornais e revistas paulistas.

Carlos Lyra se apresentou em Nova York em 1964.

Moracy produziu o espetáculo *A Criação do Mundo Segundo Ary Toledo*, no Teatro de Arena.

faltavam, e assim pode sacar todos os 1.200. Pelo menos ele salvou 800. Mas, isto pode ser até folclore. [*risos*] O que é verdade, é que ela está entre as grandes figuras do nosso teatro. Como produtora, talvez em primeiro lugar.

E COMO VOCÊ CONHECEU VINÍCIUS DE MORAES?

Desde os meus 14 anos, quando eu comecei a ler a poesia de Vinícius de Moraes (*ao lado*), ele já era para mim esta figura clara e enigmática. Eu o conheci pessoalmente na Rua Major Sertório, no centro de São Paulo, onde havia um lugar chamado João Sebastião Bar, fundado pelo crítico musical Paulo Cotrim. Foi ali que conheci Vinícius e nós conversamos sobre a história de São Paulo ser ou não o túmulo do samba. Inclusive, o nome do barzinho era tão bom, uma brincadeira com o nome do grande compositor clássico Johann Sebastian Bach, que logo depois, lá pertinho, abriram o Frederico Chopinho, que parodiava o nome de Chopin [*risos*].

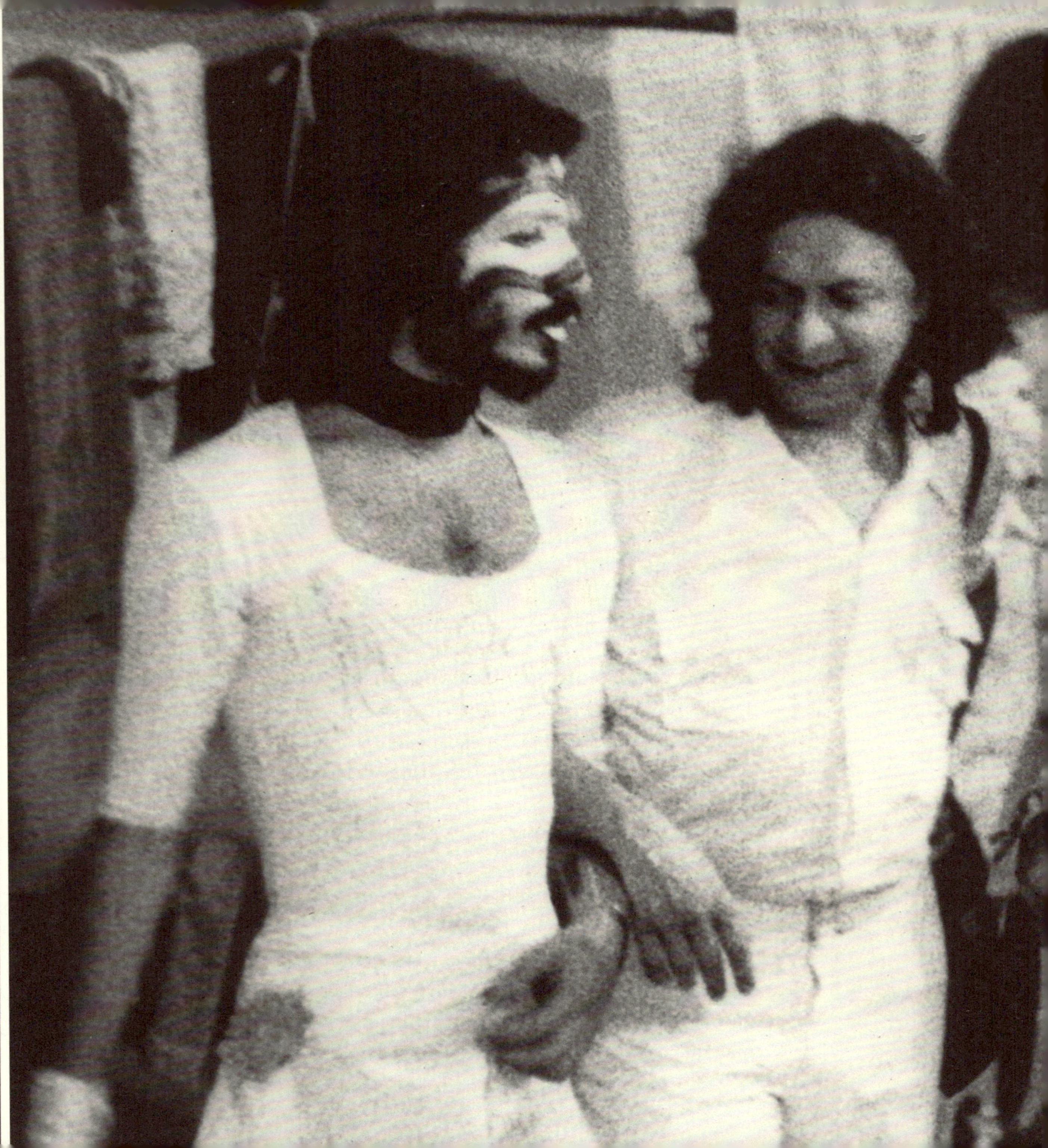

Capítulo 2

Secos & Molhados: o ponto alto

Gérson Conrad, Ney Matogrosso e João Ricardo, em foto de divulgação dos *Secos & Molhados*. Na página ao lado, a capa do famoso disco.

O PONTO ALTO DE SUA CARREIRA COMO PRODUTOR E EMPRESÁRIO CERTAMENTE FOI O SURGIMENTO DO GRUPO SECOS & MOLHADOS. COMO TUDO ACONTECEU?

Naquele final de anos 60, início dos 70, havia alguns jornalistas portugueses que vieram trabalhar no Brasil, fugindo da ditadura de Salazar. Eu trabalhava na *Última Hora* e fiz amizade com um deles, o excelente crítico teatral João Apolinário. Certa noite, por volta das 11 horas, eu estava saindo do Teatro Ruth Escobar, onde tinha ido ver a peça *A Viagem*, e encontrei João Ricardo, filho do Apolinário. João, então, me convida para ir à Casa de Badalação e Tédio, uma espécie de café-concerto que Ruth Escobar havia montado. Ele queria que eu assistisse ao show do seu conjunto, que começaria à meia-noite. Eu fui, e ali conheci o grupo, que se chamava *Secos & Molhados*, formado pelo João Ricardo, Gerson Conrad e agora também por um ator chamado Ney Matogrosso, que coincidentemente eu tinha acabado de ver, interpretando um português de bigodão, na peça *A Viagem*. João Ricardo já tinha o grupo com este nome, mas sem Ney. Quem apresentou Ney a João foi Luli, parceira dele na música *O Vira*. Foi o que eu vi naquela noite: os três integrantes dos *Secos & Molhados*, acompanhados de grandes músicos: Willy Verdaguer, Marcelo Frias, John Flavin, Emílio Carrera e Sérgio Rosadas.

Quando eu vi aquele show, imediatamente percebi o potencial de um grande sucesso. Eles tinham uma fita demo que já havia sido recusada pela RCA, pela Odeon e por outras três ou quatro gravadoras. "Vou produzir estes caras", pensei. Na época, por indicação de Walter Silva, eu dirigia o *Curtisom*, um jornal interno promocional da gravadora Continental, distribuído para o mercado musical. Apresentei o grupo à Continental, que gostou e me pediu para produzir o disco. No estúdio Abertura, de apenas quatro canais de som, localizado no bairro do Paraíso, eu tive a honra e o prazer de produzir o álbum *Secos & Molhados*, um disco

- António de Oliveira **Salazar** (1889 – 1970), Chefe de Governo da ditadura portuguesa de 1932 a 1968.
- **João Apolinário** Teixeira Pinto (1924 – 1988), jornalista e poeta português, exilou-se no Brasil, perseguido pela ditadura de Portugal. Foi crítico teatral, publicou sete livros e escreveu uma peça de teatro.
- **João Ricardo Pinto** (1949 –) cantor e compositor nascido em Portugal e radicado no Brasil. Começa sua carreira como jornalista, escrevendo para o *Diário Popular*, TV Globo e *Última Hora*. Em 1970 cria sozinho o *Secos & Molhados*, que no ano seguinte seria acrescido de Antonio Carlos Pitoco (viola de 10 cordas) e Fred (bongô). Em 72 Gérson Conrad entra no grupo. Em 73, a banda, agora com a inclusão de Ney Matogrosso no vocal, começa a se apresentar numa das salas do Teatro Ruth Escobar, um misto de bar e restaurante chamado Casa de Badalação e Tédio. Ali foi descoberto pelo empresário e produtor Moracy do Val, que conduz a banda a um até então inimaginável sucesso que dura somente até 1974. Com novas formações, João Ricardo continuou lançando discos e apresentando shows sob o nome *Secos & Molhados*, durante os anos 80 e 90, mas sem a mesma repercussão.
- Maria **Ruth** dos Santos **Escobar** (1935 – 2017), atriz e produtora cultural portuguesa radicada no Brasil desde 1951. Inaugurou em São Paulo, em 1964, o famosos teatro que leva seu nome. Produziu mais de 40 peças, muitas das quais atuando também como atriz.
- **Gérson Conrad** (1952 –), nome artístico de Gerson Conradi, começou sua carreira musical em grande estilo, ao entrar para a formação vitoriosa do grupo *Secos & Molhados*, ao lado de João Ricardo e Ney Matogrosso. Após o término do grupo, em 74, fez alguns trabalhos solo, montando depois sua banda *Trupi*.
- Ney de Souza Pereira, ou **Ney Matogrosso** (1941 –), ator e cantor, foi o único dos integrantes do conjunto *Secos & Molhados* a seguir carreira solo com sucesso proporcional ao do antigo grupo. Como cantor dos mais versáteis, interpretando de Chico Buarque a Cartola, de Rita Lee a Tom Jobim, já gravou mais de 30 álbuns.
- **Willy Verdaguer** (1945 –), baixista e maestro argentino radicado no Brasil. Acompanhou Caetano Veloso em *Alegria Alegria* e os *Secos & Molhados* em seu primeiro disco.

Moracy do Val ao lado do músico argentino Willy Verdaguer.

Gérson Conrad durante apresentação dos *Secos & Molhados*.

que ainda hoje, mais de 40 anos depois, soa como moderno.

Foi uma experiência muito boa para o mercado de espetáculos no Brasil, naquela época estagnado, com as pessoas aceitando as coisas como estavam. E nós quebramos tudo, mostrando que é possível o surgimento de talentos novos e novas lideranças. Mostramos como as boas novidades podem conquistar o público. A principal importância da minha transação com os *Secos & Molhados* é essa: provar como o novo pode superar as velhas estruturas viciadas.

EM QUAIS SENTIDOS?

Veja bem, a gente vinha de um golpe em 1964 e de um outro golpe maior ainda que foi o Ato Institucional n° 5, de 13 de dezembro de 1968, uma data fatídica. Exatamente num ano em que a juventude no resto do mundo estava se liberando, desde Beatles, os hippies, o movimento Beat Generation, a liberação do palavrão por Lenny Bruce, aquela coisa toda. E o Brasil vivia um momento de repressão total. Freud diz que a nação é a repressão de uma coletividade. Com a ditadura, as pessoas tinham medo de verdade e nós que vivemos aquela época ainda hoje guar-

- **Marcelo Frias**, nome artístico de Raul Carlos Frias, músico argentino, antigo integrante do grupo *Beat Boys*, que acompanhou Caetano Veloso na vitoriosa *Alegria Alegria* no festival da Record de 1967. Foi o baterista do primeiro álbum dos *Secos & Molhados*, era considerado como o quarto elemento do grupo, mas não esteve no segundo disco.
- **Beat Generation** é o nome dado a um grupo de escritores e intelectuais norte-americanos que a partir dos anos 1950 começaram a pregar uma cultura de rejeição aos padrões comportamentais anteriores, propondo inovações de estilo literário, rejeição do materialismo, liberação sexual e uso de drogas. São representantes deste movimento Allen Ginsberg, William S. Burroughs e Jack Kerouac, entre outros.
- **Lenny Bruce** (1925 – 1966), nome artístico de Leonard Alfred Schneider, comediante norte-americano conhecido por suas ácidas críticas contra a sociedade, a religião e a política dos EUA, e pelo uso de uma linguagem considerada obscena para os padrões da época.
- **Sigmund** Schlomo **Freud** (1856 – 1939), neurologista austríaco mundialmente famoso por ter criado os princípios da psicanálise. Desenvolveu técnicas terapêuticas como a da associação livre de ideias e análise de sonhos para formular algumas de suas revolucionárias teorias psicossexuais, como Complexo de Édipo e Inveja do Pênis.
- **Nelson** Falcão **Rodrigues** (1912 – 1980), jornalista, escritor e dramaturgo conhecido por expor e demolir em suas peças os valores hipócritas da burguesia carioca em particular e brasileira em geral. Entre as suas 17 peças destacam-se *Vestido de Noiva*, *A Falecida*, *Os Sete Gatinhos*, *Beijo no Asfalto*, *Álbum de Família* e *Toda Nudez Será Castigada*. Entre romances e coletâneas, publicou 16 livros, alguns deles sob o pseudônimo de Suzana Flag.
- **Aírton Rodrigues,** nome artístico de Haírton Rodrigues Leite (1922 – 1993) e **Lolita Rodrigues**, nome artístico de Sílvia Gonçalves Rodrigues Leite (1929 –) formaram o mais popular casal de apresentadores da televisão brasileira dos anos 60 e 70. Juntos, eles comandaram os programas *Almoço com as Estrelas* e posteriormente *Clube dos Artistas*. Apresentado aos sábados, *Almoço com as Estrelas* foi um dos programas mais longevos da televisão brasileira, veiculado na Tupi de 1957 a 1980, totalizando mais de 2 mil apresentações ininterruptas.

Em outubro de 1961 Lenny Bruce foi preso pela polícia de São Francisco acusado de ser obsceno durante seu show de comédia stand up. Na página ao lado, o dramaturgo e jornalista Nelson Rodrigues.

damos um medo na alma. Essa simples conversa nossa aqui já seria suspeita. Carregar um livro era suspeito. Ainda bem que a Censura era muito burra, e não percebia o que estava acontecendo no mundo. O cenário estava prontinho para o surgimento dos *Secos & Molhados*.

QUE JÁ SURGE COM UMA CAPA DE DISCO ANTOLÓGICA!
A capa foi criada pelo Antonio Carlos Rodrigues, sobrinho do Nelson Rodrigues. Ele tinha feito para as lojas Fotoptica uma foto neste mesmo estilo, com uma bandeja de festa de casamento, e reaproveitou a ideia. Lembro que estava muito calor no estúdio, com as luzes acesas... fez-se um buraco na mesa e tá pronta a capa!

AÍ, O SUCESSO ESTOUROU.
Não, não é assim... eu fui atrás [*risos*].

ENTÃO COMO SE FAZ PARA UM SUCESSO ESTOURAR?
Acho que meu maior mérito foi simplesmente não ter deixado ninguém atrapalhar a criação dos *Secos & Molhados*, que vieram com as músicas todas prontinhas. Eu falei: "Não mexe em nada". Fizemos o disco em apenas 36 horas, quatro dias num estudiozinho de quatro canais. E qual o problema de fazer em quatro canais? Nenhum. O disco *Chega de Saudade*, de João Gilberto, que mudou a história da música brasileira, foi feito num estúdio de dois canais.

Mas havia todo um trabalho a ser feito para o grupo estourar de verdade. A estratégia foi, primeiro, antes do disco sair, fazer vários shows no Teatro Aquarius, que não me custava nada porque eu era um dos sócios, junto com o Altair Lima. Fizemos então algumas apresentações ali, misturando os *Secos & Molhados* com outros grupos. Dava uma média de 200 a 400 pessoas por apresentação. Depois eu aluguei o Teatro Itália para que eles estreassem, sozinhos, exatamente no dia do lançamento do disco, uma quinta-feira. Naquela mesma semana, um dia depois da estreia, eles foram tocar no programa da TV Tupi *Clube dos Artistas*, co-

Ney Matogrosso se destacava no show dos *Secos & Molhados*. Na página seguinte, sequência de fotos mostra o grupo se maquiando para o show histórico no Maracanãzinho. No camarim Moracy comunica ao grupo que o ginásio está superlotado e uma imensa multidão continuava do lado de fora sem conseguiu entrar.

"MEU MAIOR MÉRITO FOI SIMPLESMENTE NÃO TER DEIXADO NINGUÉM ATRAPALHAR A CRIAÇÃO DOS *SECOS & MOLHADOS*"

MORACY DO VAL

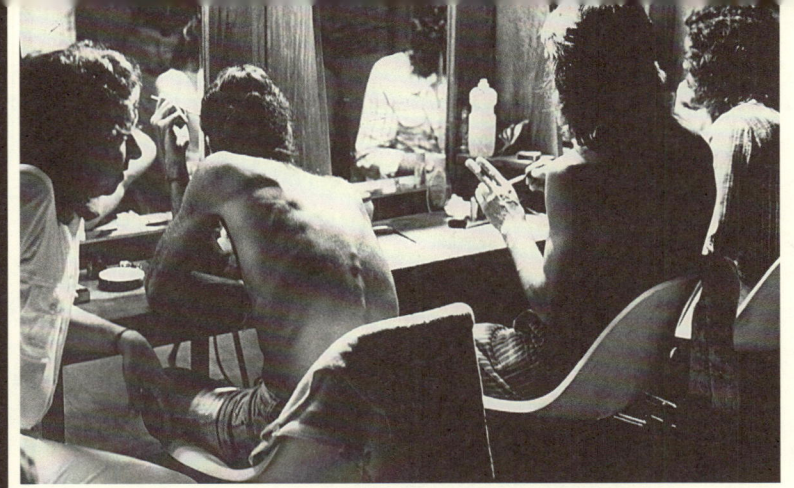

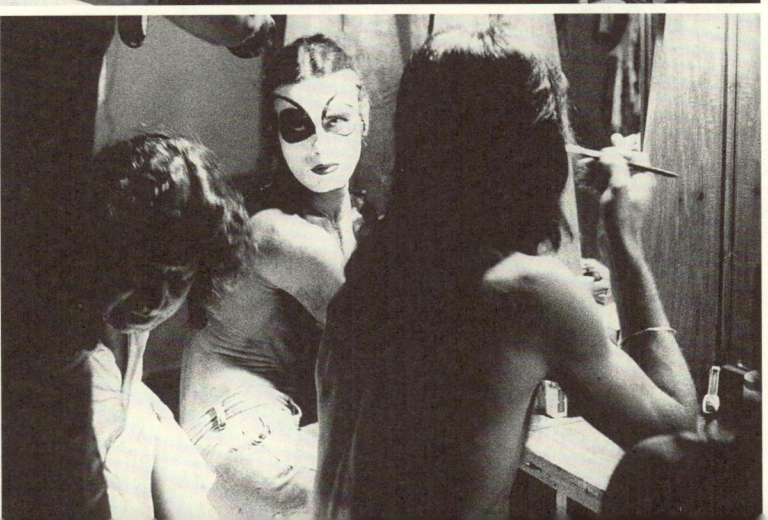

mandado por Aírton e Lolita Rodrigues. Como o programa tinha uma audiência muito grande, e eles já começavam a ser conhecidos também das apresentações no Aquarius, a sexta-feira de estreia no Itália foi um estrondo, com mais de 600 pessoas superlotando o teatro.

Daí para a frente, só casas lotadas. Colocávamos mil pessoas em teatros de 300 lugares. Era uma loucura, um sucesso enorme!

Depois do Teatro Itália veio o Clube Juventus, no bairro da Mooca. No dia do show, o trânsito parou, ninguém conseguia nem chegar no bairro, tamanho o movimento. Era inacreditável! Quando eu senti o potencial, quando percebi no que o grupo poderia se transformar, fiz muito rapidamente uma agenda de shows que cobriu o Brasil inteiro em 20 dias. Alugávamos a luz com a Transa Som, empresa de Eduardo Lemos, mandávamos um caminhão na frente para montar a luz e os cenários antes do grupo chegar, para não perder tempo. A equipe era pequena e tudo foi um sucesso muito gran-

• **BETINA VIANY**, nome artístico de Elisabeta Veiga Fialho (1950 –), atriz e diretora. Já atuou em mais de 20 peças teatrais, 15 telenovelas e séries de TV, além de seis filmes para cinema.

• **ALEX VIANY,** nome artístico de Almiro Viviani Fialho (1918 – 1992), jornalista, escritor e cineasta. Participou de dez longas metragens como roteirista, diretor ou produtor. Seu filme mais conhecido é *A Noiva da Cidade*. Como jornalista, trabalhou no *Diário da Noite* e como correspondente em Hollywood da revista *O Cruzeiro*. É autor dos livros *Introdução ao Cinema Brasileiro* e *O Processo do Cinema Novo*.

• José **OSWALD DE** Sousa **ANDRADE** (1890 – 1954), poeta, escritor e dramaturgo, foi um dos nomes mais importantes do movimento Modernista brasileiro na literatura, e um dos principais organizadores da Semana de Arte Moderna de 1922. Entre romances e poesias, publicou 12 livros, além de 4 peças de teatro.

• Antônio Carlos Brasileiro de Almeida Jobim, ou simplesmente **TOM JOBIM** (1927 – 1994), compositor, maestro, pianista, arranjador, um dos principais nomes da história da música brasileira e um dos maiores compositores da Bossa Nova. Gravou cerca de 30 álbuns, além de outros 25 como parceiro e contribuidor de outros músicos. Além de seu vasto e menos conhecido trabalho instrumental, compôs cerca de 300 canções. Uma delas, *Garota de Ipanema*, parceria com Vinícius de Moraes, é a música brasileira mais

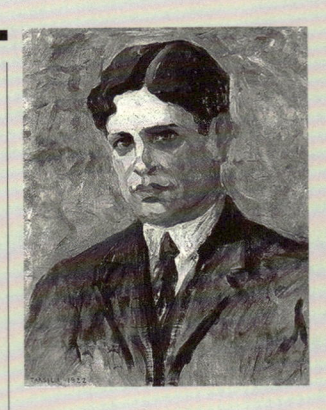

Retrato de Oswald de Andrade pintado por Tarsila do Amaral em 1922.

Tom Jobim no início de carreira, quando começou a parceria musical com Vinicius de Moraes.

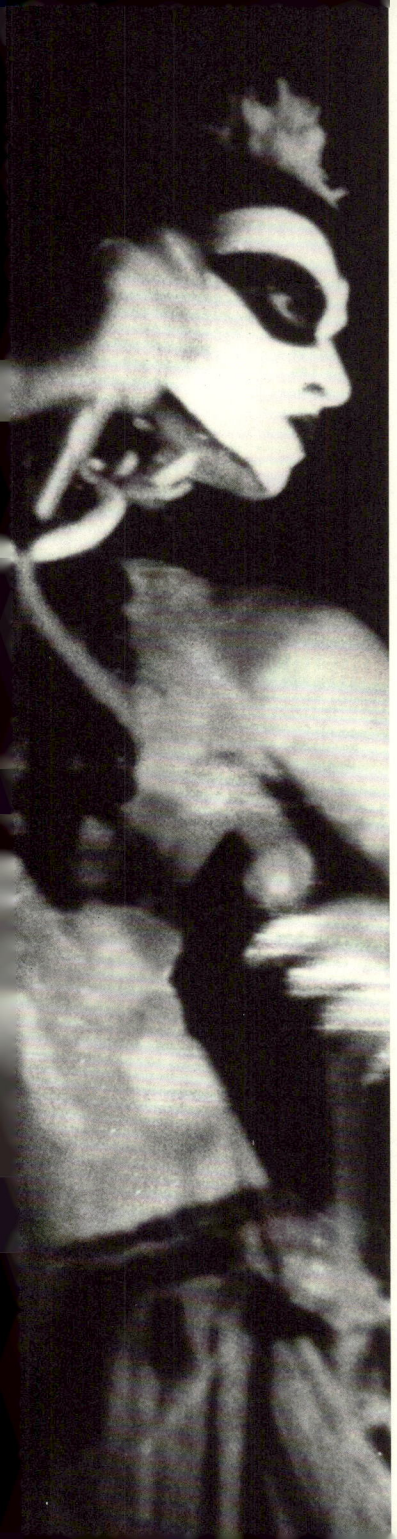

de. Fizemos shows lotados no Clube Atlético Ipiranga, Clube Pinheiros, shows pelo interior, etc.

A atriz carioca Betina Viany, filha do cineasta Alex Viany, levou o grupo para fazer um show numa segunda-feira no Teatro Tereza Rachel, no Rio de Janeiro, de 600 lugares. Apareceram cerca de seis mil pessoas! Atingíamos todas as classes sociais. Se eu sou comunista, eu quero atingir todas as classes [risos]. Como disse Oswald de Andrade, as pessoas gostam de biscoitos finos. É oferecer coisas boas que elas vão. Lotamos depois o ginásio Gigantinho, em Porto Alegre e o Maracanãzinho, no Rio. Evitei o máximo ir para o Rio, porque aquela cidade destrói tudo e todos. É o Rio que destrói coisas belas, e não São Paulo. Não tenho preconceito, tenho família também no Rio, adoro o Rio, mas as coisas acontecem mesmo em São Paulo. A Bossa Nova se expandiu em São Paulo, a Tropicália, a MPB, tudo se expande em São Paulo. O primeiro dinheiro que Tom Jobim ganhou na vida foi em São Paulo. São Paulo aceita as coisas novas. No Rio tudo vira modismo em dois minutos e depois é destruído. Até com Frank Sinatra foi assim.

O Show no Maracanãzinho entrou para a História.

No mesmo dia do show do Maracanãzinho, em 10 de fevereiro de 1974, havia um jogo de futebol no Maracanã: Vasco e Palmeiras, pelo Campeonato Brasileiro. E dentro do ginásio do Maracanãzinho havia quatro vezes mais gente que no próprio estádio do Maracanã. Foi uma loucura total! A Continental teve de derreter discos que estavam em estoque para prensar mais cópias dos *Secos & Molhados*.

Derreteu discos?

Naquela época havia uma grande crise do petróleo, que era a matéria-prima do vinil, usado para fazer os discos. E o estouro do grupo foi tão grande que a Continental teve de derreter estoques de discos de outros artistas, já gravados, para atender à demanda do vinil necessário para prensar mais cópias de *Secos & Molhados*. Foram vendidos mais de um milhão de discos em poucas semanas!

Mas nada disso acontece por acaso, nada acontece sozinho. A música *O Vira*, por exemplo, foi a mais tocada no Carnaval daquele ano. Não foi um acaso: man-

O show dos *Secos & Molhados* no Maracanãzinho no dia 10 de fevereiro de 1974: sucesso total com ginásio completamente lotado.

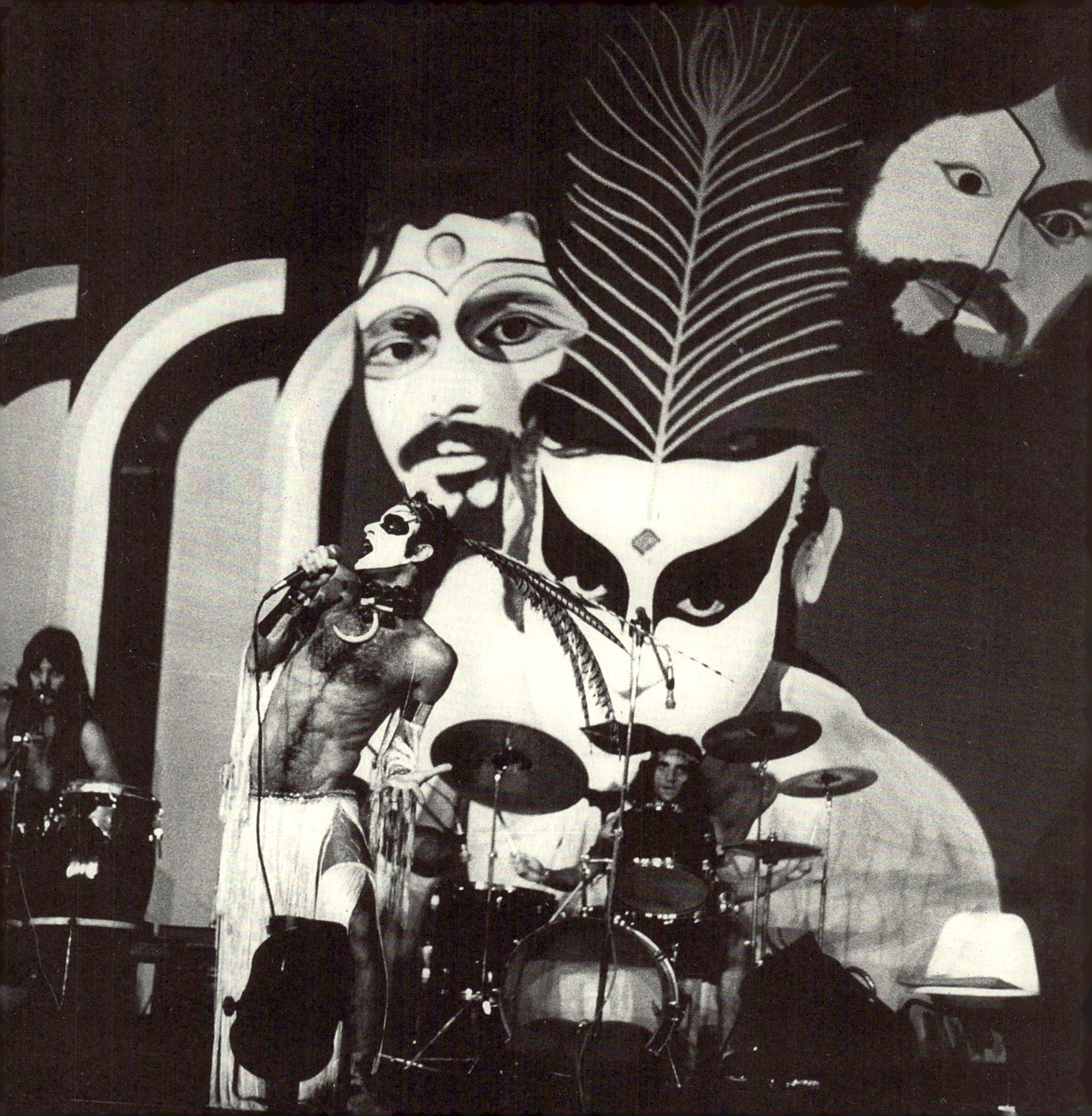

executada no exterior, em todos os tempos.

• Francis Albert Sinatra, ou **FRANK SINATRA** (1915 – 1998), cantor e ator, uma das vozes mais populares da música do século 20. Atuou em mais de 60 filmes, chegou a ganhar um Oscar (Melhor Coadjuvante por *A um Passo da Eternidade*) e colecionou 23 prêmios Grammy em sua longa e bem sucedida discografia. Ao lado, Sinatra em pose promocional para o lançamento do filme *Meus Dois Carinhos* (Pal Joey), de 1957.

• **JABÁ** é um suborno que se oferece para emissoras de rádio ou televisão executarem determinada música com o intuito de torná-la popular. Não há consenso sobre a origem da palavra. Alguns afirmam que é um diminutivo de "jabaculê", que no dialeto africano Quimbundo significa "pagamento". Outras fontes dizem que o termo se popularizou através de um jornalista amante da cozinha nordestina que, ao receber um destes pagamentos, teria dito: "Hoje o jabá (carne de sol) está garantido". A prática é crime desde 2006, mas continua sendo utilizada.

• **JOHN** Winston **LENNON** (1940 – 1980), um dos cantores e compositores mais populares da história da música moderna. Um dos fundadores dos Beatles, manteve sua carreira em alta mesmo após a dissolução da banda, lançando 11 álbuns solo de grande sucesso. Sua morte trágica, por assassinato, ainda jovem, o elevou ao patamar de mito.

Ney Matogrosso e seu show de sensualidade. Ao lado, Sinatra em foto promocional de *Meus Dois Carinhos* (*Pal Joey*), filme dirigido por George Sidney (1957).

dei imprimir várias partituras e as distribuí para todas as orquestras de todos os clubes onde haveria bailes de Carnaval. Fiz coisas que na época ninguém fazia. Fui o primeiro empresário do showbusiness brasileiro a anunciar shows naquele aviãozinho que fica carregando uma faixa com publicidade sobrevoando a praia. Todo mundo olhava! Nunca ninguém do show business tinha feito isso. E nunca paguei "jabá" pra ninguém. Sou absolutamente contra isso. As rádios tocavam porque era sucesso. Eu também evitava que o grupo se expusesse muito na televisão, pois isso poderia desgastar a imagem dos *Secos & Molhados*: se eles começassem a aparecer muito na TV, o público poderia se cansar, e deixar de lotar os shows, como estavam lotando. Houve inclusive o caso de um programa *Globo de Ouro*, que era a parada de sucessos mais famosa da televisão daquela época, onde eles queriam agendar uma apresentação do grupo, apresentando-o como o segundo lugar entre os discos mais vendidos. Eu disse que não, pois eles não estavam em segundo lugar coisa nenhuma! Estavam em primeiro! E só iriam se apresentar no *Globo de Ouro* se fosse no primeiro lugar. A Globo aceitou. Os *Secos & Molhados* eram campeoníssimos em venda de discos naquela época; só nas contas da Globo é que eles apareciam em segundo lugar. Eu tinha poder total para decidir este tipo de assunto.

VOCÊ TINHA ESCRITÓRIO SÓ EM SÃO PAULO?
Eu nem tinha escritório, nem montei. Preferia trabalhar dentro da gravadora. Eu tinha uma sala dentro da Continental ou trabalhava na sala da direção artística, fazendo a cabeça das pessoas da divulgação, da promoção, pessoas que fazem o disco tocar nas rádios. Fiz um press-release sensacional, dizendo que "Nunca ninguém viu nada igual desde que John Lennon decretou o fim do sonho". Essa frase eu tirei de uma matéria sobre o fenômeno *Secos & Molhados* que acabara de sair na revista *Veja*. Era a frase do meu release. Nós decidimos que os *Secos & Molhados* não dariam entrevistas, porque o que o grupo tinha a dizer já estava nas músicas e no espetáculo. Era uma estratégia. Sabe aquela história de vários cegos tentando definir um elefante? Então, João achava que o grupo era a música e a letra dele, Ney achava que era voz, outro achava que era o violão do Gerson, um outro que era o rock da banda. Mas era tudo isso e muito

S.P.P.S. - PRODUÇÕES ARTÍSTICAS

REF. PERÍODO DE 12/01 a 18/4/7...

S.P.P.S. - PRODUÇÕES ARTÍSTICAS — FLS. 012

CONTAS CORRENTES

NEY DE SOUZA PEREIRA

Data	Histórico		Valor
13/01	S/retirada vale d.data........		4.000,00
15/01	Idem,	Idem,.......	300,00
18/01	Idem,	Idem,.......	1.000,00
22/01	Idem,	Idem,.......	120,00
23/01	Idem,	Idem,.......	5.000,00
24/01	Idem,	Idem,.......	72,50
25/01	Idem,	Idem,.......	2.000,00
05/02	Idem,	Idem,.......	3.500,00
05/02	Idem,	Idem,.......	1.000,00
08/02	Idem,	Idem,.......	100,00
10/02	Idem,	Maracanãs	25.000,00
10/02	Idem,	....	900,00
07/02	Idem,	Idem,.......	900,00
09/02	Idem,	Idem,.......	500,00
12/13/02	Idem,	Idem, B.Horiz.	20.000,00
20/02	Idem,	Idem, Recife...	12.000,00
27/03	Idem,	Idem,.......	1.000,00
27/03	Idem,	Idem,.......	390,00
05/04	Idem,	Idem,.......	800,00	78.582,...
01/04	Idem,	Idem,.......	20.000,00
	TOTAL RECEBIDO...		98.582,5.

(NOVENTA E OITO MIL, QUINHENTOS E OITENTA E DOIS CRUZEIROS E CINCO...TA CENTAVOS)=X=X=X=X=X=X=X=X=X=X=X=X=X=X=X=X=X=X=X=X=X=X=X=X=

S.Paulo, 18 Abril de 1.974

S.P.P.S. - PRODUÇÕES ARTÍSTICAS — FLS. 18

CONTAS CORRENTES

JOÃO RICARDO

Data	Histórico		Valor
12/01	S/retirada em vale d.data......		1.000,00
15/01	Idem,	Idem,.......	4.000,00
16/01	Idem,	Idem,.......	5.000,00
17/01	Idem,	Idem,.......	500,00
22/01	Idem,	Idem,.......	120,00
24/01	Idem,	Idem,.......	72,50
25/01	Idem,	Idem,.......	16.000,00
25/01	Idem,	Idem,.......	300,00
31/01	Idem,	Idem,.......	120,00
01/02	Idem,	Idem,.......	100,00
03/02	Idem,	Idem, Recife	12.000,00
20/02	Idem,	Idem, B.Horiz.	30.000,00
12/13/02	Idem,	Idem, Maraca...	25.000,00
10/02	Idem,	....	1.250,00
	Idem, ref. roupas...........		8,90
	Idem, ref. bar.............		75,00
	Idem, ref. bar.............		31,70
	Idem, ref. bar.............		1.200,00
	Idem, rio................		800,00
05/04	S/retirada de vale d.data...		2.900,00	91.488,1.
19/03	Idem,	Idem,.......	1.000,00
27/03	Idem,		20.000,00
			110.000,..
09/04	Idem,	Idem,.......	
	Idem,	Idem,.......	221.488,..

GERSON CONRRADI

Data	Histórico		Valor
15/01	S/retirada vales d.data......		195,40
22/01	Idem,	Idem,.......	120,00
24/01	Idem,	Idem,.......	72,50
25/01	Idem,	Idem,.......	10,00
02/02	Idem,	Idem,.......	11.000,00
03/02	Idem,	Idem,.......	5.000,00
03/02	Idem,	Idem,.......	5.000,00
10/02	Idem,	Idem, Maracanãs	25.000,00
12/13/02	Idem,	Idem, B.Horiz.	20.000,00
20/02	Idem,	Idem, Recife..	12.000,00
	Idem,	Idem, Roupas..	1.250,00	79.647,90
27/03	Idem,	Idem,.......	1.000,00
01/04	Idem,	Idem,.......	20.000,00
05/04	Idem,	Idem,.......	320,00
	TOTAL RECEBIDO		100.967,90

(Cem mil, novecentos e sessenta e sete cruzeiros e noventa centavos)

S.Paulo, 18/04/74

S.P.P.S. - PRODUÇÕES ARTÍSTICAS

LEVANTAMENTO CONTÁBIL REF. PERÍODO DE 12...

DATA	LOCAL	HISTÓRICO	
12/01/74	RIO JANEIRO	Receita 2 sessões Teatro Tereza Raquel...	6.000,00
		Pgto. teatro 20%...........	3.034,00
		Pgto. Sicam 10%	480,00
		compra 8 folhas compensado.	375,00
		Despesas com taxi........	80,00
		Despesas com carregador..	1.000,00
		despesas aluguel piano...	2.000,00
		Despesas c/Montagem Lemos	10.000,00
		Pgto. Transasom (Eduardo)...	74,45
		Despesas compra agua,toalhas,sabonetes etc	30,00
		Despesas com carregador..	200,00
		Vales - Leonardo........	500,00
		" - Cabelo..........	250,00
		" - Luisinho........	400,00
		" - Roberto Lessa...	200,00
		" - Emilio Carrera..	50,00
		" - Adriano.........	140,00
		" - Peninha.........	1.000,00
		" - Waltur..........	40,00
		" - Sergio Rosada...	
13/01/74	RIO JANEIRO	Receita Sessão Unica.....	3.700,00
		Pgto. Teatro 20%.........	1.850,00
		Pgto. Sicam 10%..........	5.000,00
		Pgto. musicos............	3.000,00
		Aluguel Material Som Eduardo Lemos	3,00
		Compra de aguas..........	1.700,00
		Pagamento de roupas......	550,00
		Vales - Valtur..........	50,00
		" - Sergio Rosada...	300,00
		" - Roberto Lessa...	300,00
		" - Cleuza..........	30,00
		" - Peninha.........	100,00
		" - Adriano.........	200,00
		" - Gildo...........	1.200,00
		" - Ivan Souza - juda de custo...	
		A TRANSPORTAR FLs 02	43.904,45

RESUMO FINAL

TOTAL DA RECE...
TOTAL DAS DESP...

GERSON CONRRADI
Seu haver ref...
Suas retirad...

NEY DE SOUZA PE...
Seu haver ref...
Suas retiradas

JOÃO RICARDO
Seu haver ref...
Suas retiradas

MORACY DO VAL
Seu haver ref...
Suas retiradas...

GERSON CONRRADI - ...
NEY DE S.PEREIRA - ...
MORACY DO VAL - ...
JOÃO RICARDO - ...

mais. Um comportamento que veio numa época em que a coletividade estava ansiando por alguma coisa nova que tinha sido roubada pela ditadura.

O que estava no palco não era a poesia dos grandes poetas brasileiros, não era o texto, não era somente isso, era a linguagem do corpo, a dança, a coreografia, a performance. Tudo isso se confrontando com toda aquela neurose estressante coletiva na nação proveniente da ditadura. Havia pessoas que não tiveram a chance de se liberar com os ventos novos do norte, que vieram da França, que vieram de Woodstock. Na verdade, o único evento libertário que houve na época, junto com o *Secos & Molhados*, foi a peça *Hair*, que juntou as pessoas, que conseguiu passar o espírito da liberdade, apesar do AI-5.

Organizado, Moracy do Val contabilizava todas as atividades do grupo com documentos muito detalhados. À direita, Ney Matogrosso durante um show do grupo.

O SUCESSO TERIA SUBIDO RÁPIDO DEMAIS À CABEÇA DO GRUPO?

É engraçado. O Ney Matogrosso, que fazia artesanato, mesmo com o sucesso continuou fazendo as pulseirinhas dele, sentado no chão da Avenida São João, perto da agência central dos Correios, vendendo seus badulaques. E ninguém o reconhecia, porque no show ele aparecia todo maquiado. Já João Ricardo ia em todos os lugares, ansioso para ser reconhecido, e por causa da maquiagem dos shows ninguém o reconhecia. João sofria muito com o sucesso de Ney, e por isso o grupo não deu certo por mais tempo. João é um autor genial, foi uma pena ele ter estragado a carreira por causa de ciúmes.

O SUCESSO DUROU QUANTO TEMPO?

Durou dois discos. O primeiro foi um sucesso. No dia do lançamento do segundo disco já aconteceram brigas, pois João queria que Ney fosse assalariado dele, que se dizia dono do grupo e do nome *Secos*

Vale C$ 3.500,00

Três mil, Quinhentos cruzeiros
Ney Matogrosso
Pedir C$ 1.500 (4.000,00
LULU

RECIBO NÚMERO
SPPS Produções Artísticas
Cr$ 1.000,00
Recebi(emos) do(a) Snr(a)
A IMPORTÂNCIA DE
Um mil cruzeiros
PROVENIENTE DE
Para maior clareza firmo o presente
9hars, 27 de Fevereiro de 1974
Ney Matogrosso
Ney

Rua Carlos Sampaio, 118 - apto. 71 — Produções Artísticas Ltda.
Inscr. C.G.C. N.º 43 995 281/0001
São Paulo
Inscr. Municipal N.º 8 044 624-8

Vale 20.000,00
vinte mil cruzeiros
a Ney Matogrosso ref.
show Brasília

S. Paulo 1 de abril de 1974

Ney de Souza Pereira

S.P.P.S. Produções Artísticas Ltda.
Rua Carlos Sampaio, 118 - apto. 71 — São Paulo
Inscr. C.G.C. N.º 43 995 281/0001
Inscr. Municipal N.º 8 044 624-8

Vale 20.000,00
vinte mil cruzeiros
a Gerson Conrad ref.
show Brasília

S. Paulo 1 de abril de 1974

VALE
Cr$ 10,00
Dez cruzeiros
Jotas
Data 25 de Janeiro de 1974
Assinatura
Gerson Conrad

VALE
Cr$ 11.000,00
Nome Gerson
Onze mil cruzeiros
Guanabara, 2 de Fevereiro de 1974
(assinatura)
N/REF. 1354

Diversos documentos para controle de gastos das atividades do grupo *Secos & Molhados*, incluindo vales para João Ricardo, Gerson Conrad e Ney Matogrosso.

- *Woodstock Music & Art Fair*, mais conhecido como **WOODSTOCK** (ou *Festival de Woodstock*), foi um evento musical organizado por Michael Lang, John P. Roberts, Joel Rosenman e Artie Kornfeld numa fazenda na pequena cidade de Bethel, no estado de Nova York. O festival aconteceu nos dias 15 a 17 de agosto de 1969 e representou um dos maiores marcos da contracultura no mundo, com mais de meio milhão de pessoas presentes para assistir às apresentações de 32 dos mais importantes músicos da época.
- **MANUEL** Carneiro de Sousa **BANDEIRA** Filho (1886 – 1968), poeta, crítico literário, professor e tradutor. De início de carreira parnasiano, tornou-se posteriormente um dos modernistas alinhados à Semana de 22. Publicou 11 livros de poesia e 19 de prosa, fora várias coletâneas.
- **KISS,** grupo de hard rock norte-americano formado em janeiro de 1973, em Nova York, por Paul Stanley e Gene Simmons. Suas apresentações são marcadas por performances que incluem pirotecnia, maquiagem pesada, figurinos justos e muitos efeitos especiais de palco. O estilo de maquiagem do Kiss, parecido com o do *Secos & Molhados*, suscitou na época dúvidas e comentários sobre quem teria imitado quem, já que ambos surgem no mesmo ano.
- **LUÍS SÉRGIO PERSON** (1936 – 1976), diretor de cinema e teatro, realizou dois dos filmes mais importantes da cinematografia brasileira – *São Paulo S.A*, de 1965, e *O Caso dos Irmãos Naves*, de 67 –, que têm inspiração no Neorealismo italiano. Dirigiu também a irreverente comédia urbana *Cassy Jones, o Magnífico Sedutor*, de 1972, com Paulo José e Sandra Bréa. Adquiriu o Auditório Augusta, no Centro de São Paulo, e passou a dirigir peças teatrais. Morreu jovem em um acidente de automóvel prestes a completar 40 anos.

Cartaz oficial do *Festival de Woodstock*, que propagava "3 dias de paz & música". Acima, a banda Kiss. Ao lado, Ney Matogrosso.

& *Molhados*. Tudo desmoronou. Foi pena, mesmo porque eu já tinha armado uma temporada de shows na Cidade do México, onde o primeiro disco tinha vendido 100 mil cópias na primeira semana, e também uma curta temporada num teatro do Village, em Nova York. E foi tudo por água baixo. Uma história maravilhosa que acabou cedo por burrice.

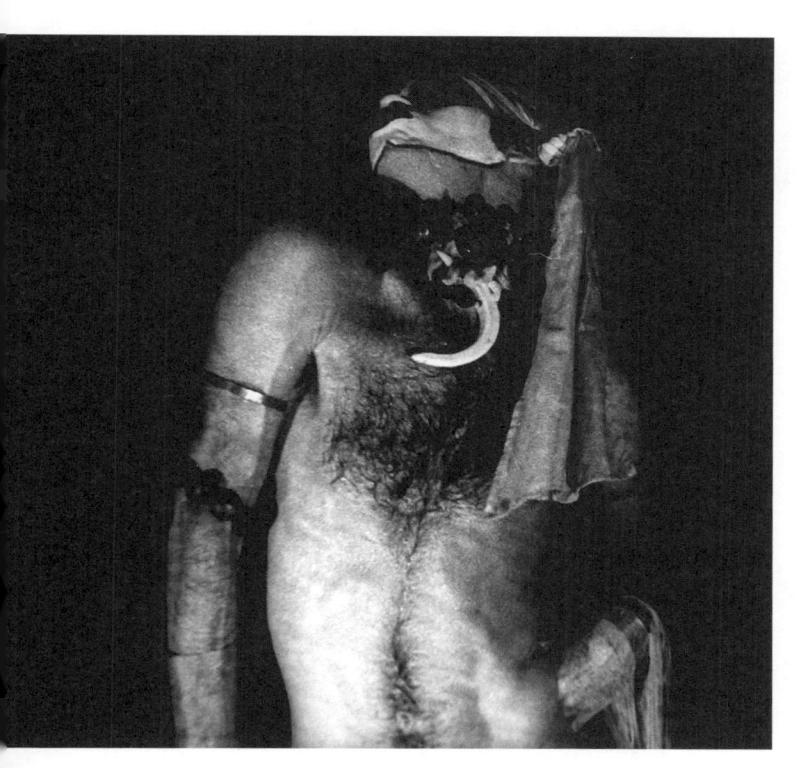

ERA UM SHOW DE MUITA SENSUALIDADE. HOUVE PROBLEMAS COM A CENSURA?
Bom, era 1972, época braba da ditadura. Num dos primeiros shows que fizemos fora de São Paulo, em Santo André, região do ABC paulista, um juiz quis proibir o show. Quem salvou a situação foi seu neto, que era fã do grupo e pediu para o avô liberar. E liberou. Depois disso nunca mais tivemos problemas.

NENHUM PROBLEMA COM A CENSURA FEDERAL?
O único problema foi quando proibiram a música *Pasárgada* por causa da letra, que era um poema de Manuel Bandeira, o famoso *Vou-me Embora pra Pasárgada*. A censura não gostou do verso que dizia "Tem alcaloide à vontade" e proibiu a música. Foi a única vez. E foi por causa do Manuel Bandeira, imagine só [*risos*]. Fora isso, nunca houve nada, nada. Fizemos até shows em Brasília, contratados pelo João Carlos Di Genio, do Curso Objetivo.

É VERDADE OU LENDA QUE O GRUPO KISS TERIA IMITADO O VISUAL DOS SECOS & MOLHADOS?
Não sei se é verdade, mas é possível. No show dos *Secos & Molhados* no Teatro 13 de Maio havia na plateia um pessoal da Warner, a gravadora do *Kiss*. Mas não sei dizer.

"A PERFEITA UNIÃO ENTRE O APOLÍNEO E O DIONISÍACO"

Moracy do Val, no livro *Meteórico Fenómeno*, de Gerson Conrad (Anadárco Editora, 2013)

Ney Matogrosso em foto de Ary Brandi.

VOCÊ GANHOU MUITO DINHEIRO COM SECOS & MOLHADOS?
Eu sou jornalista. Receber, de repente, o dobro do meu salário, para mim é muito dinheiro. Depende das necessidades de cada um. Com *Secos & Molhados* comecei a ganhar um dinheiro que eu nunca tinha visto na vida. Mas na época do Teatro Gazeta, por exemplo, eu também ganhava bem. Com os *Secos & Molhados* passei a ter um *entourage*, vários profissionais que lutavam ao meu lado. É uma espécie de feudo.

Vou contar uma coisa que pouca gente sabe: no auge do sucesso dos *Secos & Molhados*, eu iniciei conversas com o admirável diretor Luís Sérgio Person, realizador de *São Paulo S.A.* e *O Caso dos Irmãos Naves*, para dirigir um filme sobre o grupo, num certo estilo que lembrasse o primeiro filme dos Beatles, *A Hard Day's Night* (*Os Reis do Ié-Ié-Ié*), do Richard Lester.

E DEPOIS DO TÉRMINO DO GRUPO?
Lembro-me de ter dado uma grande entrevista para o Nelson Motta, que foi exibida no *Fantástico*, quando o grupo terminou. E Ney me pediu para gerenciar a sua carreira. Fui com ele para a Itália, onde gravamos, em Roma e em Milão, com Astor Piazzola.

É VERDADE QUE GRAÇAS AOS SECOS & MOLHADOS VOCÊ SE 'VINGOU' DO ROBERTO CARLOS?
'Vingança' é meio forte, não? Na verdade eu dei um troco: foi numa ocasião que eu estava em São Paulo e precisei ir à TV Excelsior do Rio de Janeiro resolver alguma coisa. Nem lembro o que era, mas lembro que eu embarquei com a passagem do cantor Wanderley Cardoso.

O Rei Roberto Carlos sempre teve seus discos em primeiro lugar nas paradas de sucesso, exceto quando o primeiro LP dos Secos & Molhados foi lançado.

VOCÊ EMBARCOU COM A PASSAGEM DE OUTRA PESSOA?
A Excelsior tinha permutas com companhias aéreas, envolvendo troca de inserções comerciais por passagens. Era uma coisa bem comum no meio. As empresas aéreas emitiam as passagens com as datas em aberto, em nome de pessoas

- **RICHARD LESTER** (1932 –), diretor norte-americano, realizador dos dois primeiros filmes dos Beatles. Começou em 1950 na televisão como contrarregra. Em 1965, ganhou a Palma de Ouro em Cannes por *A Bossa da Conquista* (*The Knack ...and How to Get It*). Realizou uma das melhores adaptações para o cinema de *Os Três Mosqueteiros*, de 1973, (e sua continuação, *A Vingança de Milady*); além de *Robin e Marian*, de 1976, com Sean Connery e Audrey Hepburn; *Superman II* e *Superman III* (de 1980 e 83, respectivamente).

- **ASTOR** Pantaleón **PIAZZOLLA** (1921 – 1992), músico e compositor argentino de formação erudita, revolucionou o tango tradicional incorporando-lhe novos timbres e harmonias, alguns de raízes jazzísticas. Em Nova York, aos 14 anos, fez parte do grupo de seu ídolo, Carlos Gardel. Tocou ao lado de alguns dos melhores músicos mundiais de sua época e deixou uma invejável discografia com cerca de 60 títulos.

- **WANDERLEY** Conti **CARDOSO** (1945-) cantor, gravou seu primeiro disco, *Preste Atenção*, em 1965. Dois anos depois, seu

Amelita Baltar, Moracy do Val, Astor Piazzolla e Ney Matogrosso no estúdio de gravação, em Milão, em novembro de 1974.

que futuramente as utilizariam. E o fato é que eu peguei uma destas passagens que estava em nome do Wanderley.

NÃO PRECISAVA APRESENTAR DOCUMENTO PARA EMBARCAR?
Nada! Ainda era a época da "escola risonha e franca" [*risos*]. Entrei no avião, sossegado, tudo certo, e de repente a aeromoça fala pelo alto-falante: "Atenção Sr. Wanderley Cardoso, favor identificar-se". Como eu sabia que minha passagem estava em nome do Wanderley, fui ver o que tinha acontecido. O problema era que o Roberto Carlos precisava embarcar, o voo estava lotado, e como na época ele era o "rei", e eu estava no assento que era dele, tiraram o "Wanderley", ou seja, eu. Quando eu estava saindo do avião, cruzei com Roberto, que meio constrangido me disse: "Desculpa, bicho, desculpa". E eu respondi: "Você ainda me paga por isso".

VOCÊ DISSE ISSO BRAVO OU BRINCANDO?
Eu nunca brinco [*risos*]. E nunca fico bravo também [*risos*]. Mas o fato é que ele me pagou mesmo, anos depois, quando o disco dos *Secos & Molhados* desbancou Roberto Carlos do primeiro lugar de vendas [*mais risos*]. Pouco tempo depois os *Secos* implodiram e o Roberto, sem dúvida o maior cantor do Brasil depois de João Gilberto, voltou para o primeiro lugar. E quando sua filha, Ana Paula, casou-se com Antônio Marcos, ele me tratou com muita gentileza.

COMO SURGIU O CONVITE PARA A FAMOSA ENTREVISTA SUA QUE FOI CAPA DE O PASQUIM?
Não tinha como não surgir: *Secos & Molhados* era um sucesso absoluto daquela época, não tinha como eles não me entrevistarem. Surgiu naturalmente, em decorrência do sucesso do grupo. [*Leia a entrevista a partir da página 117*]

LENDO A ENTREVISTA PERCEBE-SE QUE FOI TUDO MUITO DIVERTIDO.
Sim, como sempre eram as entrevistas do *Pasquim*. E nem poderia ser diferente, porque durante a entrevista sempre rolava um litro de uísque entre todos [*risos*]. Pena que não foram os figurões principais do jornal que me entrevistaram, pois eles estavam de férias.

novo LP vende mais de 5 milhões de cópias e transforma Wanderley em grande sucesso nacional. O título do disco, *O Bom Rapaz*, remete ao apelido que ganhou no Programa Jovem Guarda, onde praticamente todos os participantes recebiam uma carinhosa alcunha. Chegou a ser um dos Trapalhões, ao lado de Renato Aragão, quando o grupo se chamava *Os Adoráveis Trapalhões* na TV Excelsior. Participou também de filmes e telenovelas, onde invariavelmente interpretava a si próprio. Gravou quase mil músicas distribuídas em mais de 80 discos. Recentemente, passou a se dedicar a canções evangélicas.

• **Ana Paula Rossi Braga** (1966 – 2011), produtora da banda de Roberto Carlos, era enteada do cantor e filha de Nice, a primeira esposa de Roberto.

• **O Pasquim** foi um tabloide humorístico semanal, de forte oposição à ditadura militar, lançado seis meses após o famigerado Ato Institucional Número Cinco (AI-5), em 26 de junho de 1969. Reuniu alguns dos mais importantes jornalistas e cartunistas da época, como Jaguar, Millôr Fernandes, Tarso de Castro, Fortuna, Ziraldo, Paulo Francis, Ivan Lessa, Henfil. Chegou a ultrapassar a marca dos 200 mil exemplares de tiragem, tornando-se um fenômeno editorial, com suas históricas entrevistas e humor corrosivo. Enfrentou a época mais repressiva e implacável do regime militar.

• Reginaldo José Azevedo **Fortuna** (1931 – 1994), cartunista, artista gráfico e humorista, começou sua carreira assinando como Ricardo Forte; trabalhou no *Correio da Manhã*, *A Cigarra*, *O Cruzeiro*, *Pif-Paf* e *Revista da Semana*. Foi um dos fundadores do jornal *Pasquim*, editou e dirigiu a revista *O Bicho*, atuou na *Folha de S.Paulo* e *Veja*. Lançou três livros: *Aberto Para Balanço*, *Diz, Logotipo!* e *Acho Tudo Muito Estranho (Já o Professor Reginaldo, não)*.

• **Mário** Raul **de** Moraes **Andrade** (1893 –1945), poeta, escritor, crítico literário, ensaísta, musicólogo, folclorista, pesquisador, um dos mais importantes intelectuais brasileiros, figura chave do movimento modernista e um dos articuladores da Semana de Arte Moderna de 1922, autor de cerca de 30 livros, entre eles *Macunaíma*, *Paulicéia Desvairada* e outras obras de importância capital na literatura brasileira.

• **Guilherme Arantes** (1953 –), músico, cantor e compositor, iniciou sua carreira na banda **Moto Perpétuo**, criada em 1973 por ele, Egydio Conde, Diogenes Burani, Gerson Tatini e Cláudio Lucci. Em 75 partiu para uma bem sucedida carreira solo que contabiliza, até o momento, 29 álbuns. Boa parte de seu sucesso comercial se deve à popularidade das novelas da TV Globo, nas quais suas músicas já estiveram presentes em mais de 30 oportunidades.

Foto da capa do disco *O Bom Rapaz*, de Wanderley Cardoso, lançado em 1967.

Capa da primeira edição do jornal *O Pasquim*, lançado em 26 de junho de 1969.

TODOS DE FÉRIAS?

Naquela época, quando o pessoal dava uma "desaparecida" para fugir da ditadura, a gente dizia que eles estavam "de férias". Ou então que tinham pego "a gripe", quando estavam presos. E naquele dia estavam todos "de férias"... ou "gripados"... [*risos*]. Quem comandou a entrevista foi o Fortuna, o genial cartunista, e foi tudo muito descontraído.

QUEM MAIS VOCÊ LANÇOU DEPOIS DOS SECOS & MOLHADOS?

Como disse Mário de Andrade, o apogeu já é a decadência. Depois daquele sucesso imenso dos *Secos & Molhados* não tinha mais como subir, como crescer. Mas, mesmo assim, lancei muita gente boa! Guilherme Arantes e o *Moto Perpétuo* (*foto acima*), por exemplo! Guilherme vendia milhares de discos, não só porque suas músicas sempre entravam nas novelas da Globo, mas porque ele já era um dos grandes compositores e intérpretes da nossa música, assim como o Diógenes, o Cláudio, o Egydio e o Tatini, todos do grupo *Moto Perpétuo*.

Secos & Molhados durante apresentação no programa Discoteca do Chacrinha.

Capítulo 3

O meteoro e a imprensa

MORACY DO VAL, TOTALMENTE APAIXONADO PELO TRABALHO

O livro *Ney Matogrosso – Um Cara Meio Estranho*, de Denise Pires Vaz, foi lançado em 1992 colocando luzes biográficas na história do mais reservado membro dos *Secos & Molhados*. Nas três páginas a seguir, estão reproduzidos dois trechos do livro que mencionam Moracy do Val, um deles, o depoimento emocionado de Paulo Mendonça, parceiro de Ney em algumas canções. Também destacamos, a partir da próxima página, parte do depoimento que Moracy deu à autora sobre Ney Matogrosso e sua visão a respeito da dissolução do grupo.

"Em pleno 1973, o *Secos & Molhados* venderia mais de um milhão de discos! E a história começaria a se complicar. Na opinião de Ney, na hora em que entrou o dinheiro, acabou o romantismo. Durante uma viagem do grupo ao México, o empresário Moracy do Val foi afastado pelo pai do João Ricardo, João Apolinário, que passou a exercer a função. O *Secos & Molhados* iniciava o caminho da dissolução. Era tanto disse-que-disse que ninguém conseguia averiguar a verdade. A certa altura, Ney avisou a João Ricardo que sairia do grupo como tinha entrado, porque João Apolinário não estava agindo corretamente, e ele, João Ricardo, mostrava-se conivente com aquilo."

❧

"Todo mundo acreditava que o conjunto era produto de um marketing eficientíssimo, e, na realidade, tudo partia apenas da cabeça e da emoção daquelas pessoas: os três e mais o Moracy do Val, que, mais que empresário, foi um quarto *Secos & Molhados*, totalmente apaixonado pelo trabalho."

Paulo Mendonça
Compositor, cineasta e administrador de empresa

"Conheci o *Secos & Molhados* quando ele ainda era um grupo experimental e não existia como sucesso. Assisti à primeira apresentação na Casa de Badalação e Tédio, convidado pelo João Ricardo, e gostei muito do conjunto. Eu já tinha anos de experiência na área cultural, onde havia participado do inicio da bossa-nova em São Paulo, produzido cinema, feito muitos musicais no Teatro de Arena, ajudado a formar o Teatro Oficina e produzido o trabalho de muita gente. Na época, dirigia um jornal da gravadora Continental e, por esse motivo, tinha acesso às pessoas com poder de decisão na empresa. Mostrei a música dos *Secos* e a Continental resolveu gravar o disco e, enquanto eu o produzia, intensifiquei o número das apresentações em shows. Como eu dirigia o Teatro Aquarius, que era um lugar caríssimo, tinha a chance de utilizá-lo às segundas e as terças feiras sem custo algum. Essa facilidade permitiu que começássemos a bancar shows para grandes espaços e, gradativamente, a aumentar as plateias. Na época do lançamento do disco, fomos ao programa do Airton Rodrigues, na televisão ao mesmo tempo em que iniciávamos uma temporada no Teatro Itália. A partir dali, consolidou-se um sucesso extraordinário, com apresentações sucessivas sempre com casas lotadas.

Desde o início, achava o Ney uma pessoa totalmente fora de série, já o havia percebido quando ele fazia a peça *A Viagem*, no Teatro Ruth Escobar, cantando no coro na parte posterior do palco. Como eu tinha algumas amigas no elenco, assisti à peça várias vezes, e notei o Ney no meio daquele grupo enorme por causa da sua voz excepcional, um registro vocal único. Depois o encontrei no *Secos & Molhados*, onde além de sua voz, existia todo um comportamento do grupo, que gerava uma forma nova de espetáculo. O conjunto significou um acontecimento altamente revolucionário numa época de uma ditadura braba. Naqueles tempos, era surpreendente existir um ídolo, como foi o Ney, que aparecia sempre com o rosto coberto por uma máscara e com a identidade desconhecida. Tanto que, em pleno sucesso, ele andava pela rua sem ser molestado e sentava na Avenida São João, no meio dos hippies, para criar seus colares. Nós fizemos uma quebra de estrutura, na qual o Ney representou basicamen-

> "DESDE O INÍCIO, ACHAVA O NEY UMA PESSOA TOTALMENTE FORA DE SÉRIE."
> MORACY DO VAL

"O Ney sempre se destacou no grupo, sobretudo pela sua incrível presença cênica."
Moracy do Val

te o instrumento, já que parecia indispensável, num país de gorilas, um ídolo ter fama de andrógino. Tínhamos plena consciência de que isso era uma vitória contra a ditadura, embora a imprensa nunca tenha abordado esse ângulo.

A consciência política do Ney me parecia muito maior do que a do João Ricardo, que se limitava a ser um esquerdinha. Ney possuía uma visão revolucionária mais abrangente, menos de fachada, porém mais vívida. Embora ele não tivesse um propósito consciente, à medida que as coisas iam acontecendo a gente ia percebendo o que rolava e em que estava mexendo. A gente conversava a esse respeito, e só não divulgava a nossa percepção porque parecia importante minar a estrutura sem falar ostensivamente sobre o assunto. Ao mesmo tempo, achava Ney muito ressabiado com os acontecimentos, por não saber direito no que estava se metendo, e com um medo danado do sucesso, repetindo sempre que ele nunca iria mudá-lo. Sua diferença de idade nem contava muito, apesar de ser claramente mais vivido e experiente do que os outros dois. A própria experiência vivenciada no teatro, que é uma escola única, tinha sido uma luta braba e, ao mesmo tempo, uma fonte importante de descobertas. O João Ricardo exercia uma certa liderança como autor do grupo, inclusive do nome *Secos & Molhados*, e queria realmente mandar no conjunto, enquanto o Ney era o que menos se importava com essa engrenagem.

O golpe de estado dado pelo pai do João Ricardo para me afastar do *Secos* representou o maior absurdo da minha vida, porque eu já tinha um esquema muito grande armado para o conjunto. Até hoje não entendi nada, na medida em que saí do grupo, eles lançaram um disco e acabaram o conjunto. Eu já havia traçado uma programação fantástica, nunca divulgada, que abrangia o mercado internacional. (...)

O Ney sempre se destacou no grupo, sobretudo pela sua incrível presença cênica. Quando o conjunto terminou, sempre soube que ele continuaria sozinho, e, um tempo depois da ruptura do *Secos*, Ney veio me procurar para a gente trabalhar junto. Fomos para a Itália gravar com o Astor Piazzola e, na volta, fizemos seu primeiro disco-solo (*Homem de Neanderthal*, também pela Continental), cujo contrato eu assinei em nome do Ney - uma prova evidente da ligação que existia entre nós e que sobreviveu a uma rede de interesses."

Moracy do Val
Depoimento a Denise Pires Vaz

"O CONTATO COM MORACY FOI MAIS DO QUE FRUTÍFERO. ELE SE TORNOU NOSSO EMPRESÁRIO E NOS PROPÔS UM ROTEIRO DE TRABALHO"

Depoimentos de Gerson Conrad em seu livro
Meteórico Fenômeno – Memórias de um Ex-Secos & Molhados

"Coincidência ou não, o dia da primeira apresentação na Casa de Badalação e Tédio estava fadado a ser marcante para o grupo. (...)

Naquela noite, prestigiáva-nos também o jornalista e empresário artístico Moracy do Val, que até então não conhecíamos, e que não tardou em publicar no dia seguinte suas impressões sobre o que havia assistido. Muitos devem ter lido as considerações de Moracy nessa matéria, pois nosso público aumentou consideravelmente nos dias que se seguiram, a tal ponto que nossa programação, que era de quarta a domingo e única naquela semana, que antecedia as festas de fim de ano, continuaria por mais duas semanas de janeiro de 1973, com o simpático convite da casa devido ao sucesso atingido.

O contato com Moracy foi mais do que frutífero. Ele se tornou nosso empresário e nos propôs um roteiro de trabalho que incluía a negociação junto à gravadora de disco Continental, a qual posteriormente nos contratou e lançou nosso primeiro e mais conhecido disco (LP)."

❦

"O grupo ganhou notoriedade rapidamente, e Moracy administrou bem esse momento, com um ritmo de afazeres. Tínhamos apresentações e entrevistas quase que diárias. Saindo de clubes para teatros e aproveitando a mídia televisiva, colocáva-nos em programas jovens como *Mixturasom*, *Papo Pop* e *Band 13*, das emissoras Record e Bandeirantes."

❧

"Recordo-me de nossa estréia no Teatro Itália, em 1973, na Av. Ipiranga, em São Paulo. Moracy e seu assessor, Paulo Garcia (Peninha), entraram no camarim com os olhos rasos d'água e espantados com o tamanho da fila que saía do teatro na Av. São Luís, dobrava a esquina e subia a Av. Ipiranga a perder-se de vista.(...) Se não me engano, foi a primeira vez que tivemos lotação esgotada durante toda a temporada. Na sequência, fomos ao Teatro 13 de Maio, onde realmente comprovou-se o sucesso. (...) Foi fantástico. Durante essa temporada, a música *Rosa de Hiroshima* passou a ser reconhecida aos primeiros acordes e bisada, às vezes, por mais de uma vez, com a sempre belíssima interpretação de Ney."

❧

Um dos shows que consagrou os *Secos & Molhados* como um dos maiores fenômenos da música brasileira foi certamente o espetáculo no Maracanãzinho, no Rio e Janeiro. (...)

A emoção era indescritível. Aquela gigantesca estrutura parecia tremer, o que também fazia tremer as nossas pernas. Eram cerca de 25 mil pessoas que lá estavam para nos assistir. A responsabilidade pegou-nos pela garganta. Ney, recordo-me, comentou com um certo esforço que sua voz parecia não querer sair. João andava de um lado para outro, inquieto, pedindo-me para entrar em cena na frente. Minhas mãos pareciam geladas e trêmulas. Moracy não falava, apenas observava tudo com os olhos rasos d'água. Suas únicas palavras foram: Vamos lá, meninos!'"

❧

"É lógico que não tínhamos como prever tamanho sucesso, o que, naturalmente, acabou estremecendo um pouco as relações de trabalho. Diante disso, Moracy convocou uma reunião que resultou na criação da SPPS Produções Artísticas Ltda. (...)

Em seu livro, Gerson Conrad classificou o afastamento de Moracy por João Apolinário como "a bobagem mais infeliz que poderia ter acontecido".

A criação da empresa fortaleceu, a princípio, o espírito de equipe. Tínhamos divisão equitativa de participação e responsabilidades com o montante em cotas de 25% para cada um de nós, (Moracy, Ney, João e eu) (...).

Alugamos uma casa (...) que acabou se transformando em uma espécie de quartel general dos *Secos & Molhados* (...). Como nossos compromissos eram muitos, João Ricardo convidou o pai, João Apolinário, para nos ajudar a administrar o pequeno império. Lá chegando, Apolinário exigiu uma sala e secretária particulares, dividindo suas atividades entre seus negócios e o gerenciamento de nossos negócios, pois, em meio a tantas viagens e shows, pouco parávamos em Sampa."

❧

"Esta obra me dá a oportunidade de agradecer a Ney Matogrosso pelo carinho de longa data, a Ary Brandi e Paulo Mendonça pelo companheirismo, a Moracy do Val pela garra. Sobretudo agradeço pela contribuição que deram a este livro."

"Vivíamos aqueles dias com a responsabilidade de sermos empresários e estrelas ao mesmo tempo e, em meio a isso, Moracy normalmente transportava todo o escritório em uma maleta do tipo executivo. Não foram poucas as vezes em que papéis timbrados, recibos, carimbos, acabaram ou eram esquecidos, então improvisava-se toda uma documentação em folhas de sulfite ou em papéis de hotéis em que nos hospedávamos. Contudo, todos esses documentos eram idôneos, e eu tenho em minha memória que quanto mais contas Moracy nos prestava, mais dinheiro ganhávamos ou era justificado. Apolinário não se conformava com isso e, com pouca habilidade administrativa, usou de uma procuração que havíamos deixado em seu poder e que lhe outorgava o direito de algumas decisões em nossa ausência, exigindo também que Moracy apresentasse contas que ele julgasse incorretas. Bem, essa acabou sendo a bobagem mais infeliz que poderia ter acontecido pois tal atitude tornou-se um processo que foi a juízo com rápida vitória de Moracy.

> "QUANTO MAIS CONTAS MORACY NOS PRESTAVA, MAIS DINHEIRO GANHÁVAMOS."
> GERSON CONRAD

Inoportuno episódio... Estávamos de malas prontas, pela primeira vez, para uma viagem internacional, após dez meses de exaustivo trabalho, com cerca de 250 apresentações por quase todo o território nacional. Era o início de maio de 1974 e ali iniciaríamos uma maratona de aproximadamente nove meses fora do país, onde apresentaríamos um trabalho de divulgação e lançamento internacional que começaria pelo México, passando pelos Estados Unidos, Europa e Japão. Projeto este todo confeccionado por Moracy e que, na hora do embarque, foi impedido de viajar por razões judiciais, uma vez que o Sr. Apolinário havia apelado para a revisão do referido processo naquele momento. Ao mesmo tempo em que as novas de uma carreira internacional deslumbravam-nos, aconteciam pequenas discussões de opiniões diversas entre mim, João e Ney.

A situação era delicada, naturalmente, e nunca chegávamos a um denominador comum. Moracy, por sua vez, ofendido, cancelou todos os contratos por ele elaborados e a nossa brilhante carreira internacional foi-se com ele."

BREVE HISTÓRIA DE UM FENÔMENO ATRAVÉS DA IMPRENSA

"Foi encerrada na madrugada de ontem, com um carnaval improvisado pelo público, a segunda sessão do único show do conjunto *Secos & Molhados* no Teatro Teresa Rachel superlotado. Depois dos tumultos na entrada, a polícia interveio para que mais de 2 mil pessoas não invadissem a sala de espetáculos."

JORNAL DO BRASIL
28 de novembro de 1973

"A maior explosão de execução em rádio e TV e no comércio artístico, depois de Roberto Carlos, é o conjunto *Secos & Molhados*, segundo declarações do jornalista Moracy do Val. (...)

Mais de setenta mil discos vendidos, a ponto de sua gravadora não poder atender a procura cada vez maior por parte do público, fazendo com que dezenas de lojas da cidade não tenham o disco. (...) Há quem pague no câmbio negro, até 50 cruzeiros por um LP e já houve, no Rio de Janeiro, no Teatro Teresa Rachel, quem oferecesse duzentos cruzeiros por um ingresso.

Hoje, passados três meses do lançamento do disco, já se pode afirmar que realmente se trata de um fenômeno no mundo do disco e das comunicações, para muitos, só comparado a Roberto Carlos."

FOLHA DE S. PAULO – WALTER SILVA
30 de novembro de 1973

"Empresariados por Moracy do Val, os componentes do *Secos & Molhados* já estão com planos concretos em relação à gravação de seu segundo LP. Isto a partir de um contrato que está sendo firmado com o Theatre of Latin America, para apresentações em Nova York, no St. Clements Theatre, sendo a ocasião aproveitada também para que a gravação aconteça naquela cidade."

DIÁRIO DE S. PAULO
6 de dezembro de 1973

"Depois da conquista do Brasil, eles se voltam, agora, para a América do Sul. A Argentina e o Uruguai fazem parte do roteiro do conjunto para os próximos meses e o seu sucesso em terras estrangeiras parece garantido pelo seu maior trunfo: a voz de contratenor de Ney Matogrosso, indiscutivelmente a vedeta do *Secos & Molhados*."

O GLOBO
6 de fevereiro de 1974

❧

"Pelo que está no programa, além de apresentações na TV mexicana, os *Secos & Molhados* farão shows em clubes na Cidade do México e em seguida, seguirão para os Estados Unidos, onde acertarão contratos para apresentações especiais. O empresário Moracy do Val não embarcou, como estava previsto."

FOLHA DE S. PAULO
25/5/1974

"*Secos & Molhados* foi um turbilhão musical na MPB."

O ESTADO DE S. PAULO – TARCÍSIO ALVES
7 de maio de 1998

❧

"A mistura bombástica de rock, androginia, poesia, diversão, sensualidade e protesto político fez dos *Secos & Molhados* um fenômeno incomparável."

O ESTADO DE S. PAULO – LAURO LISBOA GARCIA
27 de novembro de 2010

❧

"Uma revolução estética e sonora. E, pelo jeito, não viveremos para ouvir outra igual."

ALEXANDRE PETILLO
Curtindo Música Brasileira (Editora Belas-Letras, 2013)

"SECOS E MOLHADOS" CONJUNTO E FIRMA

Folha de S.Paulo, 31 de maio de 1974

"A propósito da notícia recentemente divulgada, de que os *Secos & Molhados* não mais reconhecem o jornalista Moracy do Val como seu empresário, informa este que de fato nunca foi tal seu papel em relação ao conjunto.

Esclarece Moracy do Val que, de acordo com documentação arquivada no 4° Registro de Títulos e Documentos, ele é sócio integrante do conjunto e também sócio de João Ricardo, Gerson e Ney Matogrosso na SPPS Produções, firma que montaram para empresariar o grupo. 'Na realidade, o nosso grupo sempre se auto-empresariou pela SPPS, firma que se confunde com o próprio *Secos & Molhados*', diz ainda Moracy do Val."

Secos e Molhados e Moracy

Walter Silva
Folha de S.Paulo, 20 de maio de 1974

Inegavelmente um dos maiores fenômenos artísticos surgidos nos últimos tempos foi o conjunto *Secos e Molhados*.

Donos de um bom gosto incrível para um conjunto por muitos rotulado como 'pop', João Ricardo, Gerson Conrad e Ney Matogrosso impuseram todo um novo comportamento ao jovem que compra discos.

As letras, escolhidas das melhores obras de nossos melhores poetas; o som delicado e simples, aliados à fenomenal interpretação do solista Ney Matogrosso, fizeram do conjunto o que se sabe.

Atrás de tudo isso, porém, havia uma pessoa que quase sozinha acreditava que os meninos fossem o sucesso que foram e jogou tudo na carreira do conjunto. Sua alta experiência no campo da promoção, advinda de muitos espetáculos feitos com gente nova no tempo das 'Noites de Bossa' no Teatro de Arena, ou ainda no Teatro Gazeta, ou à frente da sua lida coluna no *Notícias Populares*, Moracy do Val foi quem realmente acreditou e fez esse conjunto ser o que chegou a ser. A ele deve ser creditados todos os méritos de fazer com que a alta categoria do conjunto fosse realmente projetada.

A notícia da desvinculação de Moracy do conjunto, onde foi entre outras coisas, promotor, agente, empresário, produtor, e seu maior divulgador, não é das melhores para a sorte dos rapazes, que, temos certeza, poderá acarretar muitos e sérios prejuizos ao seu prestígio em hora nada favorável.

Que o bom senso prevaleça e que se deixem de lado as possíveis controvérsias, para o bem deles todos e em última análise da própria música brasileira, sem dúvida enriquecida com o valor e o sucesso de todos eles, são os nossos desejos."

O FIM DOS SECOS E MOLHADOS?

CARLOS A. GOUVÊA
Folha de S.Paulo, 13 de agosto de 1974

"Ontem, nos estúdios da S&M, na Alameda Itu, houve uma reunião para tratar tanto da dissolução do grupo como da firma. A principal causa da separação, segundo declaração dos dois integrantes do conjunto, Ney Matogrosso e Gerson Conrad, foi o comportamento de João Ricardo (o terceiro integrante), que fez questão de monopolizar não só os interesses profissionais do grupo, como também de interferir nos interesses pessoais de seus companheiros.

'Desde a partida de Moracy do Val, nosso antigo empresário, as coisas mudaram, e muito. João Ricardo nos pressionou para que aceitássemos seu pai (João Apolinário) como nosso empresário. Mil promessas foram feitas e, no final, quando entramos em nosso escritório, fomos tratados como simples empregados e não como donos do negócio. A minha música, *Rosa de Hiroshima*, foi a que fez maior sucesso num dos nossos shows e tivemos que repeti-la por mais três vezes, o que levantou a ira de João, que só permitia a divulgação de suas canções. Acabado o show, foi para o seu camarim gritando que não havia dado ordem para o bis dessa música, e no caminho, foi chutando tudo o que encontrou pela frente', declarou Gerson Conrad. (...)

A única queixa de Ney Matogrosso é que, depois que João Apolinário entrou como empresário do grupo, ele, Ney, não viu mais dinheiro, tendo chegado a pedir um adiantamento à gravadora Continental."

Em 14 de agosto de 1974, o jornal carioca *A Notícia* publicou o texto "Molhados Secaram" (*recorte ao lado*), de autoria de José Fernandes, um dos mais importantes críticos musicais da época. Na matéria, Fernandes atribui o desmanche do grupo ao afastamento de Moracy do Val, "o cérebro de tudo". Abaixo, a reprodução do texto tal qual foi publicado, mantida a grafia original da época.

MOLHADOS SECARAM

Notícia da desintegração do conjunto *Secos & Molhados* coincidindo com o lançamento de seu disco pela Continental pode ser uma navalha de dois cortes. Primeiro: o público admite que o conjunto nunca mais se reorganizará e compra o disco para tê-lo como documento histórico. Segundo: o público pensa que tudo não passa de cascata promocional e não compra, pelo desaforo de ser trapaceado. E há uma terceira hipótese, talvez a menos dramática: o disco simplesmente seguirá a sua carreira, consoante o valor que tenha. Ainda não o ouvi, mas a julgar pela apresentação, pelo cuidado da produção e até pelo cuidado da capa – uma primorosa montagem fotográfica usando balaios de vime à feição do rosto de cada um dos três componentes – deve ser bastante superior ao primeiro. A verdade é que os *Secos & Molhados* trouxeram uma contribuição nova à música pop não só pela natureza do seu repertório como também pela sua formação vocal, baseada na voz de falsete de Nei Matogrosso. Falsete vem de falso, mas justiça seja feita ao de Nei: é perfeito. Dir-se-ia um registro natural.

Uma foto rara: no auge do sucesso, Ernesto Bandeira, da gravadora Continental, entrega o Disco de Platina aos *Secos & Molhados*, no programa *Discoteca do Chacrinha*. Moracy está ao lado de Chacrinha.

Aliás, falou-se aí em contratenor, algo que absolutamente não existe na escala vocal. O que ele pode ser é contralto disfarçado. Mas isso não vem o caso. O que se discute agora é o caminho que os três deverão seguir, ou juntos ou separadamente. Na hipótese de ser mesmo pra valer a separação, não creio que seja possível um novo *Secos & Molhados* com João Ricardo, Gerson Conrad e um terceiro a ser escolhido. O conjunto tinha uma imagem na qual Nei Matogrosso era protótipo. Pela característica da voz e pela coreografia. Pelo que sei, o que motivou o desentendimento foi o fato de João Ricardo, o compositor do grupo, nunca ter se conformado com a evidente liderança de Nei, indiscutivelmente a vedete. Ele, João Ricardo, é que queria aparecer. Tanto que forçou a entrada no esquema para anular a supremacia de Moraci do Val, em verdade o cérebro de tudo, o planejador, o empresário, o homem forte da promoção. A degringolada começou a se esboçar quando Moraci foi afastado. E agora, sem o Nei Matogrosso, o destino dos *Secos* é mais do que evidente: a fonte vai secar. E será muito bem feito.

JOSÉ FERNANDES

"Nada disso teria acontecido se não fosse o Moracy. Ele foi o único que se aproximou de nós com uma visão. Imagina. Nós ficamos rodando de mão em mão, enviamos nosso trabalho em cassete para as gravadoras e ninguém prestou atenção. E o Moracy tinha planos muito grandiosos para os *Secos & Molhados*. Ele queria que fizéssemos um show no Xingu para os indios. Eu achava uma maravilha. Ele tinha o tino da coisa."

Depoimento de Ney Matogrosso na Revista da Cultura
Fevereiro de 2017

Ney Matogrosso e Gerson Conrad durante apresentação do grupo no programa *Discoteca do Chacrinha*.

Na edição de número 268 do jornal *O Pasquim*, que circulou na semana de 20 a 26 de agosto de 1974, foi publicada a entrevista na qual Moracy do Val conta em detalhes como foi o fim dos *Secos & Molhados*. A transcrição da entrevista pode ser lida a partir da página 120.

MORACY DO VAL: O HOMEM QUE BOTOU OS SECOS & MOLHADOS NO VAREJO

Como foi a briga dos S&M?
Pluma pra todo lado

Quando a entrevista com Moracy Do Val foi feita, o segundo LP dos Secos e Molhados ainda não havia sido lançado. Havia uma tremenda expectativa gerada principalmente pela espantosa verba de promoção reservada pela Continental: 1 bi dos antigos. Agora o disco já está na praça e, muito embora tenha consumido meses de elaboração e um alto custo de produção, o resultado é simplesmente decepcionante. Além de tecnicamente mal gravado (em muitas faixas se ouve mal o canto do grupo) o excesso de vedetismo de João Ricardo sufoca o babado todo. As "músicas" (quase todas de sua autoria) se embaraçam numa mistura de já era latino, com um "mamãe, eu também sei cantar!". A simplicidade de um "Vira" ou "Sangue Latino", do primeiro LP, torna o segundo disco superpretensioso. Tô apostando uma caixa de uísque na vendagem: não vai chegar a um terço da anterior. — (Eduardo Athayde)

Fortuna — Nome completo e profissão.
MORACY DO VAL — Moracy Ribeiro do Val. Jornalista e produtor. Sou advogado, também fiz um curso de Direito.
Fortuna — Há quanto tempo você está nessa atividade de produtor?
MORACY — Estou ligado ao *show biz* desde 58, quando fundamos um grupo chamado Teatro Oficina.
Antônio Chrysóstomo — Qual era a sua função dentro do grupo?
MORACY — A minha função principal era no setor promocional. A conquista do público. Logo depois da Oficina eu entrei para o Jornalismo. Fui crítico de teatro da "Última Hora" de São Paulo. Era crítico também do *show biz* em geral. Aí eu fiz um trabalho musical muito importante, que foi a implantação da bossa nova em São Paulo. A bossa nova estava acontecendo no Rio, e a gente ouvia as notícias. Então eu e o Franco Paulino, que agora é publicitário no Rio, promovemos uma série de espetáculos. Criamos no sentido de interessar o pessoal. Fiz uma polêmica em relação à música. Usei a frase do Vinícius: "São Paulo é o túmulo do samba". E deu um pé incrível. Nessas noites de bossa no Teatro Arena, apresentamos uma série de valores novos, Chico Buarque, Edu Lobo...
Antônio — Posteriormente você teve um programa de televisão. Onde apareceram pela primeira vez Caetano Veloso, Gil...
MORACY — ...Bethânia...
João Felipe — ...Sérgio Ricardo...
Eduardo — ...Jacó do Bandolim, Época de Ouro...
MORACY — O programa chamava-se "Ensaio Geral".
Eduardo — Que é uma música do Gil.
MORACY — E o Sidney Muller abria o programa, com "Pede Passagem". O "Ensaio Geral" era de música brasileira aberta. Com gente jovem, e tentando mostrar também a história, aqueles que tinham feito. E entre aqueles que tinham feito, de preferência, os que estavam esquecidos.
Fortuna — Isso é muito antes da "Jovem Guarda", né?
MORACY — É mais ou menos paralelo.
Antônio — Havia uma grande briga entre o pessoal do "Fino da Bossa" e o pessoal da "Jovem Guarda". Como você se colocou?
MORACY — Eu tinha trabalhado com o Oficina, com a bossa nova, e com o "Ensaio Geral". Eu era uma pessoa com muito pouca informação de *rock*. Eu, não via o *rock* como hoje eu vejo. A explosão jovem tava pintando e ia acontecer. De repente eu senti que a grande força do mercado ia mudar.
Antônio — Quando foi que você percebeu essa mudança? É quando foi que você recebeu a influência externa daquilo que se chamava iê-iê-iê?
MORACY — Eu sempre achei o Roberto Carlos um cara profundamente reacionário. Enquanto, por exemplo, os Beatles, entre os jovens do mundo, estavam tentando abrir terreno, Roberto Carlos, que já tinha conseguido um certo *status*, estava fechando. Enquanto os Beatles dizem que são mais importantes que Jesus Cristo, ele tá tirando uma foto com o Cardeal de São Paulo. Roberto Carlos sempre foi um cara que se acomodou. Nunca teve estrutura ideológica.
Antônio — Mas eu não me referia especificamente ao Roberto Carlos.
MORACY — Mas o Roberto Carlos era o líder do movimento todo. Então eu tinha um preconceito.
Fortuna — Encerrado o "Ensaio Geral" o que veio em seguida?
MORACY — Eu sempre fiz muita coisa. Andei na corda bamba o tempo todo. Continuei em meu jornal, trabalhei muito com promoção e divulgação, trabalhei numa agência de relações públicas. Tive um teatro em São Paulo: Teatro Gazeta. Nessas atividades todas você chegou a faturar muito dinheiro?
MORACY — Olha, eu não jogo por dinheiro.
Antônio — Mas você chegou a ganhar muito dinheiro, antes dos Secos e Molhados?
MORACY — Eu sou um jornalista. Receber, de repente, duas vezes o meu salário para mim é muito dinheiro. Depende das necessidades. Com o Secos e Molhados, comecei a ganhar uma nota que eu nunca tinha visto na vida. Mas na época do Teatro Gazeta eu tinha muito mais. Numa época em que eu tinha uns quatro ou cinco clientes também. Com o Secos e Molhados passei a ter um *entourage*, uma porção de caras que lutaram comigo. É meio feudo.
Fortuna — Você foi o cara que lançou, paginou e deu a cara do Secos e Molhados. Quero que você conte a história do Secos e Molhados, desde o início.
MORACY — Secos e Molhados foi uma experiência muito boa para o espetáculo no Brasil. O mercado estava todo estagnado, as pessoas aceitando as coisas como estavam. E nós quebramos tudo, mostrando que é possível pessoas novas tomarem conta. É possível, se você tiver o novo, tomar o público. A única importância da minha transação com o Secos e Molhados é essa: um cara novo tem mais importância que uma estrutura velha.
Antônio — Como você se envolveu com o Secos e Molhados?
MORACY — Havia um café concerto em São Paulo chamado Casa da Badalação e Tédio, (risos). Ia ser um novo João Sebastião Bar, mas cassaram o alvará. O Ney Matogrosso era ator da Rute Escobar, que fazia uma peça chamada "A Viagem". Era "Os Lusíadas", de Camões, adaptada pelo Queiroz Telles. Ney era um dos marinheiros e quem aguentava o coro. O João Ricardo estava fazendo um trabalho. Estava tentando impor esse nome, Secos e Molhados, há muito tempo. Numa casa chamada Cortiço Negro, no Bexiga, em São Paulo. Ele tocava suas músicas, transando os poetas. Ele tem boas músicas, jogando os poetas pra cima do povo. Musicou "Pasárgada", que não deu pra sair. Uma coisa maravilhosa.

Antônio — Ele musicou também "O Trem", do Solano Trindade, aquele poema onomatopáico.

MORACY — "Tem gente com fome, tem gente com fome, tem gente com fome." João Ricardo era repórter da "Última Hora". Ele e o Gérson tocavam violão juntos há muito tempo. A Luli (parceira do Ricardo no "Vira") indicou o Ney Matogrosso. "Tem um cara lá no Rio". E o Ney completou a coisa. Ele realmente é uma força. Ele pintou na hora certa. Ney fez teatro infantil, fez uma peça com Débora Duarte. Entrou em "A Viagem". Ganhava 300 contos, um salário de figurante. Era um espetáculo muito bom. No teatro onde estava a peça tinha um lugar meio vazio, pra quem quisesse se exibir. Então eles começaram a tocar lá. Eu fui ver um *show* do Ciro Monteiro. E encontrei o João Ricardo, filho do João Apolinário, na época meu amigo.

Eduardo — João Apolinário também era crítico de teatro na "Última Hora". É um crítico português, que veio de lá fugido.

MORACY — João Ricardo me chamou pra ver o *show* que estavam fazendo. Fui ver os Secos e Molhados. Não era essa estrutura, mas tinha uma força. Tinha músicas muito fortes. E tava um vazio incrível na música. Vazio de eventos, coisas que pudessem chamar. Os Mutantes já não tavam com nada, se separando. Anteriormente eu havia feito um trabalho no Teatro Aquarius, uma peça chamada "Jesus Cristo Superstar". Produção do Altair Lima. Altair tinha feito o "Hair", então tava atraindo um pouco. Começamos a fazer um som às segundas-feiras. Senti que havia uma expectativa do mercado jovem em relação a qualquer coisa nova que pudesse acontecer. Conjuntos desconhecidos traziam 600 pessoas a um teatro. De repente eu podia fazer uma explosão. No mercado do *rock*, um cara de certa qualidade, sendo bem lançado, não tem erro. O mercado jovem no Brasil é grande.

Antônio — Mas porque essa faixa não vinha recebendo a atenção das gravadoras?

MORACY — As gravadoras querem vender discos. Elas não gravam discos pra não vender. A não ser no caso do Walter Franco, pra poder dizer: "Aqui é a qualidade". Elas gravam no espírito antigo, da Jovem Guarda. O cara canta igual a Roberto Carlos, outro cara canta igual o cara que imita Roberto Carlos, outro cara canta igual o cara que imita o imitador do Roberto Carlos. Tem sub-produtos, cópias, e eles vão em cima desses caras.

Eduardo *(acabando de engolir uma omelete)* — Não arriscam nada. Quando você levou o Secos e Molhados pra Continental, quantos discos foram prensados? Qual o custo da produção dos discos?

MORACY — Fizeram inicialmente 1.500 discos. Eu consegui que 500 fossem pra divulgação. Eu falei pros caras: "Comecem a imprimir a capa. Isso aqui vai acontecer". Eu já vinha com o esquema atrás há muito tempo. Oito *shows* universitários deficitários, com o Altair no Teatro Aquarius. O Teatro Aquarius custa três milhões por dia, mas eu o tinha de graça. Então eu podia até brincar. Pagando só o cachê do pessoal.

Fortuna — Eu quero saber o caminho desde a descoberta do Secos e Molhados até o lançamento em disco.

MORACY — Eu sou editor de um *house organ* da Continental: "Curtisom". É a jornal que promove os seus lançamentos, e a gente tenta dar uma imagem geral de jornal fora de gravadora. Eu cheguei lá com um entusiasmo incrível: "Tô com um grupo novo, pode ser o maior desse país". Gravei o disco em quatro canais, gastei 15 milhões de cruzeiros. Venderam 600 mil discos, com o preço de venda a 22 contos.

Fortuna — Eles já se apresentavam com aquela caracterização?

MORACY — A caracterização ia mudando a cada dia.

Fortuna — De quem partiu a idéia?

MORACY — Do Antônio Carlos Rodrigues, um fotógrafo. Foi ele quem fez a capa.

Fortuna — Foi por causa da foto que nasceu aquela caracterização?

MORACY — Foi. Ele é quem maquiou. É um cara que tá muito esquecido. Houve o sucesso todo e não se falou dele.

Fortuna — É aquela fotografia da cabeça na bandeja. Ele havia feito isso na revista da Fotóptica.

MORACY — A partir daquilo ele maquiou as pessoas e criou essa imagem. O grupo também já tinha essa idéia.

Fortuna — E o negócio do andrógino?

MORACY — Externamente, já havia um papo muito grande em torno de Alice Cooper. Alice Cooper é um sub-produto dos Rolling Stones. Os caras ouviam os discos dele, e é um cara que tem uma força muito grande de imprensa. Tava na moda, benquisto, com prestígio no Brasil. O pessoal achava que tava transando um som mais pesado, e tal. Depois foi visto que Alice Cooper é uma bobagem.

Fortuna — Mas antes de ser visto, ele era um mito.

MORACY — O *show* biz é o mito. O mito é o básico pra fazer sucesso. Alice Cooper tava no ar. O pessoal queria ter um similar nacional. E o similar nacional deve ter mais valor. O Ney, que eu acho maravilhoso, um cantor sensacional, tem um registro feminino. Ele já tinha isso. E isso foi assumido pela imprensa. Jogou-se pra cima deles...

Fortuna — A *mise-en-scene* de quem é?

MORACY — É mais criada pelo Ney. O cara dança em cima do ritmo.

Antônio — Você disse que "jogou-se" uma coisa e a imprensa adotou. Até que ponto isso foi planificado e qual foi o seu papel nesse plano?

MORACY — A planificação era dia-a-dia. Eu acreditava que isso era possível num mercado estagnado como era o brasileiro, pedindo coisas novas. Se essa não desse certo, eu entrava com outra e com outra e com outra.

Antônio — Quer dizer que seu compromisso com o Secos e Molhados era relativo?

MORACY — Tava um vazio, e uma série de informações internacionais pintando no ar. Só não entrava um cego. E eu entrei nessa, que eu não sou cego.

Antônio — "Jogou-se" a coisa da androginia, e isso foi encampado pela imprensa. Foi você quem jogou?

MORACY — Não, presumo que seja uma idéia que passou na coisa.

Fortuna — A informação que eu tinha era que você era o responsável por todo aquele esquema, aquela encenação. Nada disso. Você é o responsável pela promoção do Secos e Molhados. Promoção e divulgação. É isso?

MORACY — Isso também.

Fortuna — E mais o quê?

MORACY — Foi um clima de jogadas em cima de uma nação. Sou responsável por esse clima.

Fortuna — Você é responsável pelo acontecimento?

MORACY — É. Pela forma na hora de agir.

Fortuna — E você continua com o Secos e Molhados?

MORACY — Não.

Fortuna — Por quê?

MORACY *(pausa)* **— Não tem mais a ver. Brigamos...**

Fortuna — Você brigou com os Secos ou com os Molhados?

MORACY — Não briguei com nenhum deles. Quero explicar. Esse acontecimento, o Secos e Molhados, foi importante porque mostramos que havia uma estrutura arcaica na área do *show* biz musical.

Fortuna — Onde está essa estrutura arcaica?

MORACY — O disco é o grande negócio do espetáculo. É onde se ganham fortunas incríveis. O Secos e Molhados ganharam muito dinheiro, mas a gravadora ganhou 20 vezes mais.

Fortuna — E o produtor?

MORACY — O produtor não ganhou. Eu ganhei como sócio deles no *show*.

Eduardo — É bom esclarecer que o Secos e Molhados não é um trio. É uma sociedade. O Moracy do Val é também um Seco e Molhado. Inclusive há uma briga grande agora na Justiça por causa disso.

MORACY — Fundamos uma empresa, que se confundia com o próprio Secos e Molhados. E fizemos um sucesso incrível nesse país. O sucesso era a metade do caminho, esse fôlego inicial dava pra chegar mais longe. Mas aí começaram a pintar as influências de família. João Apolinário dizia: "Meu filho tá transando com boneca, vai ter imagem de boneca". Dizia que estava muito bagunçado. Mas nós tínhamos um esquema de viagem violentíssimo, um espetáculo aqui hoje, amanhã em outra cidade.

Fortuna — Essas viagens foram antes ou depois do disco?

MORACY — Depois.

Eduardo — Mas o João Apolinário ficou invocado com a fama de boneca?

MORACY — Ele nunca disse isso. Mas dava a entender. Ficou muito preocupado com o João Ricardo, que ele tinha escalado pra ser um intelectual, como ele. E de repente João Ricardo estava fazendo música. Ficou com medo da conotação homossexual que isso podia ter. Na hora que pintou dinheiro, mudou tudo. Aí, tudo bem.

Antônio — Como foi seu desligamento oficial?

MORACY — Eu armei um esquema pra eles no México, lancei o disco deles nos Estados Unidos, através da Continental, que é ligada ao grupo Kinney. Eles foram ao México por uma transação minha. E dois dias depois saiu uma declaração à praça dizendo que eu não tinha mais nada a ver com o Secos e Molhados.

Antônio — E por trás disso, o que houve?

MORACY — Um abuso de poder, do Apolinário, na ausência dos caras.

Eduardo — 1) Antes de fazer sucesso, ele não queria o menino no meio porque era coisa de boneca. 2) Depois de fazer sucesso, fez essa declaração à praça. Tem alguma coisa por trás disso.

Antônio — O golpe de estado foi baseado em quê? É apoiado por quem? Qual foi o dispositivo legal que o Apolinário usou?

MORACY — Ele pegou uma procuração dos três. João Ricardo sempre foi a força do grupo. Eu só conversava com o Ricardo. Ele não deixava o Gérson falar. Isolava completamente o Ney das coisas. Ele, junto com o pai, tomou essa posição. Foi um sucesso muito rápido, assim como quando foi lançado O PASQUIM, uma loucura. Então não dava tempo... Ou você faz sucesso, ou você é contador. Eu fiz sucesso. Agora chegou a hora de vir outro pessoal por trás organizar. Eu pagava recibos em papel de cigarro. Não estava tudo pronto, era um esquema em construção.

Antônio — Então talvez o sucesso não tenha sido tão esperado como você sempre disse. Você disse isso numa entrevista pra Abril: "O nosso sucesso era esperado, foi programado". E não houve tempo de criar essa infra-estrutura?

MORACY — Essa era uma colocação promocional que a gente fazia naquela época. É permitido isso. A propaganda se permite a fazer coisas piores.

Antônio — Você estava mentindo pra mim?

MORACY — Não, eu estava te envolvendo. *(risos)*

Antônio — O sucesso do Secos e Molhados foi esperado ou inesperado?

MORACY — Eu sabia que o sucesso vinha, mas não sabia a sua dimensão.

Antônio — Criou-se um mito no Brasil de que o Secos e Molhados seria um produto rotulado e planejado.

MORACY — Planejado num botequim de esquina, em cima de um bom uísque.

Antônio — Vocês afirmavam na época: "Nós representamos um passo à frente" Você continua afirmando isso?

MORACY — Aconteceria a mesma coisa com qualquer grupo que entrasse no vazio com alguma informação nova. Desde que fosse bem transado. O Secos e Molhados tinha uma série de informações novas. Nei Matogrosso: um homem com voz feminina. Ele era a bandeira. E tinha o álibi, que eram os poetas. Os poetas sustentavam o lastro cultural.

Antônio — Houve uma época em que a RCA tinha oferecido um bilhão pelo passe do Nei. Isso é verdade?

MORACY — Nenhuma gravadora faz propostas nesses termos. Teve mil intermediários pra saber a resposta. Esse tipo de mensagem veio pra mim. Um bilhão e meio. E eu não fiz a proposta pra ele.

Antônio — Compra de passe no Brasil por esse preço é uma loucura.

MORACY — É chegou-se a três bi de *advance* pró grupo inteiro mudar de gravadora.

Antônio — No caso do Nei, por que você se pôs contra?

MORACY — Eu não queria quebrar o grupo.

Eduardo — E agora, como é que você se sente?

MORACY — É meio difícil de explicar... Eu não tenho mais nada a ver com o Secos e Molhados.

Fortuna — Quando saiu a tal declaração à praça, você se considerou rompido com o grupo.

MORACY — Eu fiz um aviso à todo o pessoal de imprensa colocando o que acontecia na nossa sociedade. E fiquei esperando a decisão na Justiça.

Fortuna — Nesse meio tempo, a sua transa está encerrada.

MORACY — Não tenho feito mais nada com eles. Eu fiz o Secos e Molhados sem um tostão, em cima de uma paixão. Hoje a gravadora está gastando um bilhão de cruzeiros em cima de um lançamento que tem cem mil cópias vendidas, antes de ser lançado.

Antônio — Encerrado o capítulo Secos e Molhados, você, evidentemente, saiu com um bom saldo financeiro.

MORACY — O meu saldo está num circo que eu armei no Botafogo.

Eduardo — Quanto te custou esse circo?

MORACY — Eu gastei 150 milhões com a montagem.

Antônio — Moracy, você foi comprometido com os primórdios da bossa nova. Depois você lançou Caetano e Gil na televisão. Mais recentemente você acreditou no Secos e Molhados como uma idéia nova. E agora você partiu pra "Godspell". Se você pusesse o seu talento empresarial, e agora a sua posição financeira, num espetáculo brasileiro, ele teria a mesma possibilidade de sucesso do "Godspell"?

MORACY — Eu vi o espetáculo em Nova Iorque, e era muito cristão para o meu gosto. Altair Lima recriou o espetáculo, trouxe o circo, deu uma força maior. O que temos aqui é muito melhor do que o de Nova Iorque ou Londres.

Antônio — No Secos e Molhados ainda havia uma preocupação em se explicar esteticamente o sucesso. Em "Godspell" há?

MORACY — É uma peça muito boa em termos musicais. E até o fim do ano pretendo lançar dois grupos novos.

Eduardo — Quais são os grupos?

MORACY — Um é pessoal de São Paulo: Moto Perpétuo. O Secos e Molhados serviu pra mostrar que tem um mercado. Agora é a hora da verdade, a pintura na cara não interessa mais. Temos que mostrar uma música nova.

Eduardo — Você vai lançar um conjunto com uma proposição nova.

MORACY — É uma música de raízes latinas expandida em cima das influências do som do nosso dia.

Fortuna — Tem mais alguma coisa que você queira dizer sobre o *show business?*

MORACY — No Brasil dá pra começar de novo, com novos caras. Se você investir nesses valores terá uma resposta imediata. Pode haver uma abertura, em busca de idéias novas. Quem fizer isso terá um tremendo sucesso em termos de *show* biz no Brasil. O Secos e Molhados provou que isso era possível. Abriu o caminho. O *show* biz é um negócio muito importante pras pessoas. É onde elas projetam os seus sonhos. E existem muitos cantores, compositores, e idéias novas para serem aproveitados.

Moracy do Val: O Homem que botou os Secos & Molhados no Varejo

Quando a entrevista com Moracy do Val foi feita, o segundo LP do *Secos & Molhados* ainda não havia sido lançado. Havia uma tremenda expectativa gerada principalmente pela espantosa verba de promoção reservada pela Continental: 1 bi dos antigos. Agora o disco já está na praça e, muito embora tenha consumido meses de elaboração e um alto custo de produção, o resultado é simplesmente decepcionante. Além de tecnicamente mal gravado (em muitas faixas se ouve mal o canto do grupo), o excesso de vedetismo de João Ricardo sufoca o babado todo. As músicas (quase todas de sua autoria) se embarafustam numa mistura de já era latino, com um "mamãe, eu também sei cantar!". A simplicidade de um "Vira"ou "Sangue Latino", do primeiro LP, torna o segundo disco superpretensioso. Tô apostando uma caixa de uísque na vendagem: não vai chegar a um terço do anterior. (*Eduardo Athayde*)

FORTUNA – NOME COMPLETO E PROFISSÃO.
Moracy – Moracy Ribeiro do Val. Jornalista e produtor. Sou advogado, também fiz um curso de Direito.

FORTUNA – HÁ QUANTO TEMPO ESTÁ NESSA ATIVIDADE DE PRODUTOR?
Moracy – Estou ligado ao show biz desde 58, quando fundamos um grupo chamado Teatro Oficina.

Antônio Crysósthomo – Qual era sua função dentro do grupo?
Moracy – A minha função principal era no setor promocional. A conquista do público. Logo depois do Oficina eu entrei para o Jornalismo. Fui crítico de teatro da *Última Hora* de São Paulo. Era crítico também do show biz em geral. Aí eu fiz um trabalho musical muito importante, que foi a implantação da bossa nova em São Paulo. A bossa nova estava acontecendo no Rio, e a gente ouvia as notícias. Então eu e Franco Paulino, que agora é publicitário no Rio, promovemos uma série de espetáculos. Criamos no sentido de interessar o pessoal. Fiz uma polêmica em relação à música. Usei a frase do Vinícius: "São Paulo é o túmulo do samba". E deu um pé incrível. Nessas noites de bossa no teatro Arena, apresentamos uma série de valores novos: Chico Buarque, Edu Lobo...

Antônio – Posteriormente você teve um programa de TV onde apareceram pela primeira vez Caetano Veloso, Gil...
Moracy – Bethânia...
João Felipe – Sérgio Ricardo...
Eduardo – Jacó do Bandolim. Época de Ouro.
Moracy – O programa ...chamava-se *Ensaio Geral*

Eduardo – Que é uma música do Gil.
Moracy – E o Sidney Muller abria o programa com "Pede Passagem". O "Ensaio Geral" era de música brasileira aberta. Com gente jovem e tentando mostrar também a história, aqueles que tinham feito. E entre aqueles que tinham feito, de preferência, os que estavam esquecidos.

Fortuna – Isso é muito antes da "Jovem Guarda"?
Moracy – É mais ou menos paralelo.

Antônio – Havia uma grande briga entre o pessoal do "Fino da Bossa" e o da "Jovem Guarda". Como você se colocou?

A ENTREVISTA DO PASQUIM

Moracy – Eu tinha trabalhado com o Oficina, com a bossa nova, e com o "Ensaio Geral". Eu era uma pessoa com muito pouca informação. Eu excluía a informação do rock. Eu não via o rock como hoje eu vejo. A explosão jovem tava pintando e ia acontecer. De repente, eu senti que a grande força do mercado ia mudar.

ANTÔNIO – QUANDO FOI QUE VOCÊ PERCEBEU ESTA MUDANÇA? E QUANDO FOI QUE VOCÊ RECEBEU A INFLUÊNCIA EXTERNA DAQUILO QUE SE CHAMAVA IÊ-IÊ-IÊ?
Moracy – Eu sempre achei o Roberto Carlos um cara profundamente reacionário. Enquanto, por exemplo, os Beatles, entre os jovens do mundo, estavam tentando abrir terreno, Roberto Carlos, que já tinha conseguido um certo status, estava fechando. Enquanto os Beatles dizem que são mais importantes que Jesus Cristo, ele tá tirando foto com o Cardeal de São Paulo. Roberto Carlos sempre foi um cara que se acomodou. Nunca teve estrutura ideológica.

ANTÔNIO – MAS EU NÃO ME REFERIA ESPECIFICAMENTE AO ROBERTO CARLOS.
Moracy – Mas o Roberto Carlos era o líder do movimento todo. Então eu tinha um preconceito.

FORTUNA – ENCERRADO O "ENSAIO GERAL", O QUE VEIO EM SEGUIDA?
Moracy – Eu sempre fiz muita coisa. Andei na corda bamba o tempo todo. Continuei em meu jornal, trabalhei muito com promoção e divulgação, trabalhei numa agência de relações públicas. Tive um teatro em São Paulo: Teatro Gazeta.

ANTÔNIO – NESSAS ATIVIDADES TODAS VOCÊ CHEGOU A FATURAR MUITO DINHEIRO?
Moracy – Olha, eu não jogo por dinheiro.

MAS VOCÊ CHEGOU A GANHAR MUITO DINHEIRO ANTES DOS SECOS E MOLHADOS?
Moracy – Eu sou um jornalista. Receber, de repente, duas vezes o meu salá-

rio para mim é muito dinheiro. Depende das necessidades. Com o *Secos & Molhados*, comecei a ganhar uma nota que eu nunca tinha visto na vida. Mas na época do Teatro Gazeta eu tinha muito mais. Numa época em que eu tinha uns quatro ou cinco clientes também. Com o *Secos & Molhados* passei a ter um entourage, uma porção de caras que lutaram comigo. É meio feudo.

FORTUNA – VOCÊ FOI O CARA QUE LANÇOU, PAGINOU E DEU A CARA DOS SECOS & MOLHADOS. QUERO QUE VOCÊ CONTE A HISTÓRIA DO SECOS & MOLHADOS, DESDE O INÍCIO.
Moracy – *Secos & Molhados* foi uma experiência muito boa para o espetáculo no Brasil. O mercado estava todo estagnado, as pessoas aceitando as coisas como estavam. E nós quebramos tudo, mostrando que é possível pessoas novas tomarem conta. É possível, se você tiver o novo, tomar o público. A única importância da minha transação com o *Secos & Molhados* é essa: um cara novo tem mais importância que uma estrutura velha.

ANTÔNIO – COMO VOCÊ SE ENVOLVEU COM O SECOS & MOLHADOS?
Moracy – Havia um café concerto em São Paulo chamado Casa de Badalação e Tédio (*risos*). Ia ser um novo João Sebastião Bar, mas cassaram o alvará. O Ney Matogrosso era ator da Ruth Escobar, que fazia uma peça chamada *A Viagem*. Era *Os Lusíadas*, de Camões, adaptada pelo Queiroz Telles. Ney era um dos marinheiros e quem aguentava o coro. O João Ricardo estava fazendo um trabalho. Estava tentando impor esse nome, Secos e Molhados, há muito tempo. Numa casa chamada Cortiço Negro, no Bixiga em São Paulo, ele tocava suas músicas transando os poetas. Ele tem boas músicas, jogando os poetas pra cima do povo. Musicou "Pasárgada", que não deu pra sair. Uma coisa maravilhosa.

ANTÔNIO – ELE MUSICOU TAMBÉM "O TREM", DO SOLANO TRINDADE, AQUELE POEMA ONOMATOPÁICO.
Moracy – "Tem gente com fome, tem gente com fome, tem gente com fome".

A ENTREVISTA DO PASQUIM

João Ricardo era repórter da *Última Hora*. Ele e o Gérson tocavam violão juntos há muito tempo. A Luli (parceira do Ricardo no 'Vira") indicou o Ney Matogrosso. "Tem um cara lá no Rio". E o Ney completou a coisa. Ele realmente é uma força. Ele pintou na hora certa. Ney fez teatro, fez uma peça com Débora Duarte. Entrou em "A Viagem". Ganhava 300 contos, salário de figurante. Era um espetáculo muito bom. No teatro onde estava a peça tinha um lugar meio vazio, para quem quisesse se exibir. Então eles começaram a tocar lá. Eu fui ver um show do Ciro Monteiro. E encontrei o João Ricardo, filho do João Apolinário, na época meu amigo.

EDUARDO – JOÃO APOLINÁRIO TAMBÉM ERA CRÍTICO DE TEATRO DA ÚLTIMA HORA. É UM CRÍTICO PORTUGUÊS, QUE VEIO DE LÁ FUGIDO.
Moracy – João Ricardo me chamou para ver o show que estavam fazendo. Fui ver o Secos e Molhados. Não era essa estrutura, mas tinha uma força. Tinha músicas muito fortes. E tava um vazio incrível na música. Vazio de eventos, coisas que pudessem chamar. *Os Mutantes* já não tavam com nada, se separando. Anteriormente eu havia feito um trabalho no Teatro Aquarius, uma peça chamada *Jesus Cristo Superstar*. Produção do Altair Lima. Altair tinha feito o *Hair*, entao tava atraindo um pouco. Começamos a fazer um som às segundas-feiras. Senti que havia uma expectativa do mercado jovem em relação a qualquer coisa nova que pudesse acontecer. Conjuntos desconhecidos traziam 600 pessoas a um teatro. De repente eu podia fazer uma explosão. No mercado do rock, um cara de certa qualidade, sendo bem lançado, não tem erro. O mercado jovem no Brasil é grande.

ANTÔNIO – MAS POR QUE ESSA FAIXA NÃO VINHA RECEBENDO A ATENÇÃO DAS GRAVADORAS?
Moracy – As gravadoras querem vender discos. Elas não gravam discos para não vender. A não ser no caso do Walter Franco, pra poder dizer: "aqui é a qualidade". Elas gravam no espírito antigo, Jovem Guarda. O cara canta igual a Roberto Carlos, outro cara canta igual o cara que imita Roberto Carlos.

> "SENTI QUE HAVIA UMA EXPECTATIVA DO MERCADO JOVEM EM RELAÇÃO A QUALQUER COISA NOVA QUE PUDESSE ACONTECER. DE REPENTE EU PODIA FAZER UMA EXPLOSÃO."

Tem subprodutos, cópias, e eles vão em cima desses caras.

EDUARDO (*acabando de engolir uma omelete*) – NÃO ARRISCAM NADA. QUANDO VOCÊ LEVOU O SECOS E MOLHADOS PRA CONTINENTAL, QUANTOS DISCOS FORAM PRENSADOS? QUAL O CUSTO DA PRODUÇÃO DOS DISCOS?

Moracy – Fizeram inicialmente 1.500 discos. Eu consegui que 500 fossem pra divulgação. Eu falei pros caras: "Comecem a imprimir a capa. Isso aqui vai acontecer". Eu já vinha com o esquema atrás há muito tempo. Oito shows universitários deficitários, com o Altair no Teatro Aquarius. O Teatro Aquarius custa três milhões por dia, mas eu o tinha de graça. Então eu podia até brincar. Pagando só o cachê do pessoal.

FORTUNA – EU QUERO SABER O CAMINHO DESDE A DESCOBERTA DO SECOS E MOLHADOS ATÉ O LANÇAMENTO DO DISCO.

Moracy – Eu sou editor de um house organ da Continental: *Curtisom*. É o jornal que promove os seus lançamentos, e a gente tenta dar uma imagem geral de jornal fora da gravadora. Eu cheguei lá com um entusiasmo incrível: "Tô com um grupo novo, pode ser o maior desse país". Gravei o disco em quatro canais, gastei 15 milhões de cruzeiros. Venderam 600 mil discos, com o preço de venda a 22 contos.

FORTUNA – ELES JÁ SE APRESENTAVAM COM AQUELA CARACTERIZAÇÃO?

Moracy – A caracterização ia mudando a cada dia.

FORTUNA – DE QUEM PARTIU A IDEIA?

Moracy – Do Antônio Carlos Rodrigues, um fotógrafo. Foi ele quem fez a capa.

A ENTREVISTA DO PASQUIM

FORTUNA – FOI POR CAUSA DA FOTO QUE NASCEU AQUELA CARACTERIZAÇÃO?
Moracy – Foi. Ele é quem maquiou. É um cara que tá muito esquecido. Houve o sucesso todo e não se falou dele.

FORTUNA – É AQUELA FOTOGRAFIA DA CABEÇA NA BANDEJA. ELE HAVIA FEITO ISSO NA REVISTA DA FOTÓPTICA.
Moracy – A partir daquilo ele maquiou as pessoas e criou essa imagem. O grupo também já tinha essa ideia.

ANTÔNIO – E O NEGÓCIO DO ANDRÓGINO?
Moracy – Externamente, já havia um papo muito grande em torno de Alice Cooper. Alice Cooper é um sub-produto dos Rolling Stones. Os caras ouviam os discos dele, e é um cara que tem uma força muito grande de imprensa. Tava na moda, benquisto, com prestígio no Brasil. O pessoal achava que tava transando um som mais pesado, e tal. Depois foi visto que Alice Cooper é uma bobagem.

FORTUNA – MAS ANTES DE SER VISTO, ELE ERA UM MITO.
Moracy – O show biz é o mito. O mito é o básico para fazer sucesso. Alice Cooper tava no ar. O pessoal queria ter um similar nacional. E o similar nacional deve ter mais valor. O Ney, que eu acho maravilhoso, um cantor sensacional, tem um registro feminino. Ele já tinha isso. E isso foi assumido pela imprensa. Jogou-se pra cima deles...

FORTUNA – A MISE-EN-SCENE DE QUEM É?
Moracy – É mais criada pelo Ney. O cara dança em cima do ritmo.

ANTÔNIO – VOCÊ DISSE QUE "JOGOU-SE" UMA COISA E A IMPRENSA ADOTOU. ATÉ QUE PONTO ISSO FOI PLANIFICADO E QUAL FOI O SEU PAPEL NESSE PLANO?
Moracy – A planificação era dia-a-dia. Eu acreditava que isso era possível num mercado estagnado como era o brasileiro, pedindo coisas novas. Se essa não desse certo, eu entrava com outra, e com outra e com outra.

> "Eu acreditava que isso era possível num mercado estagnado como era o brasileiro, pedindo coisas novas."

Antônio – Quer dizer que seu compromisso com Secos e Molhados era relativo?

Moracy – Tava um vazio, e uma série de informações internacionais pintando no ar. Só não entrava um cego. E eu entrei nessa, que não sou cego.

Antônio – "Jogou-se" essa coisa de androginia, e isso foi acampado pela imprensa. Foi você que jogou?

Moracy – Não, presumo que seja, uma ideia que passou na coisa.

Fortuna – A informação que eu tinha era que você era o responsável por todo aquele esquema, aquela encenação. Nada disso. Você é responsável pela promoção dos Secos e Molhados. Promoção e divulgação. É isso?

Moracy – Isso também.

Fortuna – E mais o quê?

Moracy – Foi um clima de jogadas em cima de uma nação. Sou responsável por este clima.

Fortuna – Você é responsável por este acontecimento?

Moracy – É. Pela forma na hora de agir.

Fortuna – E você continua com os Secos e Molhados?

Moracy – Não

Fortuna – Por que?

Moracy – (*pausa*) Não tem mais a ver. Brigamos...

Fortuna – Você brigou com os Secos ou com os Molhados?

Moracy – Não briguei com nenhum deles. Quero explicar. Esse acontecimento, o Secos e Molhados, foi importante porque mostramos que havia uma estrutura arcaica na área do show biz musical.

FORTUNA – ONDE ESTÁ ESSA ESTRUTURA ARCAICA?
Moracy – O disco é o grande negócio do espetáculo. É onde se ganham fortunas incríveis. O Secos e Molhados ganharam muito dinheiro, mas a gravadora ganhou 20 vezes mais.

FORTUNA – E O PRODUTOR?
Moracy – O produtor não ganhou. Eu ganhei como sócio deles no show.

EDUARDO – É BOM ESCLARECER QUE O SECOS E MOLHADOS NÃO É UM TRIO. É UMA SOCIEDADE. O MORACY DO VAL É TAMBÉM UM SECO E MOLHADO. INCLUSIVE HÁ UMA BRIGA GRANDE AGORA NA JUSTIÇA POR CAUSA DISSO.
Moracy – Fundamos uma empresa, que se confundia com o próprio Secos e Molhados. E fizemos um sucesso incrível nesse país. O sucesso era a metade do caminho, esse fôlego inicial dava pra chegar mais longe. Mas aí começaram a pintar as influências de família. João Apolinário dizia: "Meu filho tá transando com boneca, vai ter imagem de boneca". Dizia que estava muito bagunçado. Mas nós tínhamos um esquema de viagens violentíssimo, um espetáculo aqui hoje, amanhã em outra cidade.

FORTUNA – ESSAS VIAGENS FORAM ANTES OU DEPOIS DO DISCO?
Moracy – Depois.

EDUARDO – MAS O JOÃO APOLINÁRIO FICOU INVOCADO COM A FAMA DE BONECA?
Moracy – Ele nunca disse isso. Mas dava a entender. Ficou muito preocupado com o João Ricardo, que ele tinha escalado pra ser um intelectual, como

> "Ou você faz sucesso, ou você faz contas. Eu fiz sucesso."

ele. E de repente João Ricardo estava fazendo música. Ficou com medo da conotação homossexual que isso podia ter. Na hora que pintou dinheiro, mudou tudo. Aí, tudo bem.

Antônio – Como foi seu desligamento oficial?

Moracy – Eu armei um esquema pra eles no México, lancei o disco deles nos Estados Unidos, através da Continental, que é ligada ao grupo Kinney. Eles foram ao México por uma transação minha. E dois dias depois saiu uma declaração à praça dizendo que eu não tinha mais nada a ver com o Secos e Molhados.

Antônio – E por trás disso, o que houve?

Moracy – Um abuso de poder, do Apolinário, na ausência dos caras.

Eduardo – 1) Antes de fazer sucesso, ele não queria o menino no meio porque era coisa de boneca. 2) Depois de fazer sucesso, fez essa declaração à praça. Tem alguma coisa por trás disso.

Antônio – O golpe de estado foi baseado em quê? É apoiado por quem? Qual foi o dispositivo legal que Apolinário usou?

Moracy – Ele pegou uma procuração dos três. João Ricardo sempre foi a força do grupo. Eu só conversava com o Ricardo. Ele não deixava o Gérson falar. Isolava completamente o Ney das coisas. Ele, junto com o pai, tomou essa posição. Foi um sucesso muito rápido, assim como quando foi lançado *O Pasquim*, uma loucura. Então não dava tempo... Ou você faz sucesso, ou você faz contas. Eu fiz sucesso. Agora chegou a hora de vir outro pessoal por trás organizar. Eu pagava recibos em papel de cigarro. Não estava tudo pronto, era um esquema em construção.

Antônio – Então talvez o sucesso não tenha sido tão esperado como você sempre disse. Você disse isso numa entrevista pra Abril:

A ENTREVISTA DO PASQUIM

> "NEY MATOGROSSO: UM HOMEM COM VOZ FEMININA. ELE ERA A BANDEIRA. E TINHA O ÁLIBI, QUE ERAM OS POETAS. OS POETAS SUSTENTAVAM O LASTRO CULTURAL."

"O NOSSO SUCESSO ERA ESPERADO, FOI PROGRAMADO." E NÃO HOUVE TEMPO DE CRIAR ESSA INFRA-ESTRUTURA?

Moracy – Essa era uma colocação promocional que a gente fazia naquela época. É permitido isso. A propaganda se permite a fazer coisas piores.

ANTÔNIO – VOCÊ ESTAVA MENTINDO PRA MIM?

Moracy – Não, eu estava te envolvendo (*risos*).

ANTÔNIO – O SUCESSO DO SECOS E MOLHADOS FOI ESPERADO OU INESPERADO?

Moracy – Eu sabia que o sucesso vinha, mas não sabia a sua dimensão.

ANTÔNIO – CRIOU-SE UM MITO NO BRASIL DE QUE O SECOS E MOLHADOS SERIA UM PRODUTO ROTULADO E PLANEJADO.

Moracy- Planejado num botequim de esquina, em cima de um bom uísque.

ANTÔNIO – VOCÊS AFIRMAVAM NA ÉPOCA: "NÓS REPRESENTAMOS UM PASSO À FRENTE". VOCÊ CONTINUA AFIRMANDO ISSO?

Moracy – Aconteceria a mesma coisa com qualquer grupo que entrasse no vazio com alguma informação nova. Desde que fosse bem transado. O Secos e Molhados tinha uma série de informações novas. Ney Matogrosso: um homem com voz feminina. Ele era a bandeira. E tinha o álibi, que eram os poetas. Os poetas sustentavam o lastro cultural.

ANTÔNIO – HOUVE UMA ÉPOCA EM QUE A RCA TINHA OFERECIDO UM BILHÃO PELO PASSE DO NEY. ISSO É VERDADE?

Moracy – Nenhuma gravadora faz propostas nesses termos. Teve mil intermediários pra saber a resposta. Esse tipo de mensagem veio pra mim. Um bilhão e meio. E eu não fiz a proposta pra ele.

Antônio – Compra de passe no Brasil por esse preço é uma loucura.
Moracy – E chegou a três bi de advance pro grupo inteiro mudar de gravadora.

Antônio – No caso do Ney, por que você se pôs contra?
Moracy – Eu não queria quebrar o grupo.

Eduardo – E agora, como é que você se sente?
Moracy – É meio difícil de explicar... Eu não tenho mais nada a ver com o Secos e Molhados.

Fortuna – Quando saiu a tal declaração à praça, você se considerou rompido com o grupo?
Moracy – Eu fiz um aviso a todo o pessoal da imprensa colocando o que acontecia na nossa sociedade. E fiquei esperando a decisão na Justiça.

Fortuna – Nesse meio tempo, sua transa está encerrada.
Moracy – Não tenho feito mais nada com eles. Eu fiz o Secos e Molhados sem um tostão, em cima de uma paixão. Hoje a gravadora está gastando um bilhão de cruzeiros em cima de um lançamento que tem cem mil cópias vendidas, antes de ser lançado.

Antônio – Encerrado o capítulo Secos e Molhados, você, evidentemente, saiu com um bom saldo financeiro.
Moracy – O meu saldo está num circo que eu armei no Botafogo.

Eduardo – Quanto te custou esse circo?
Moracy – Eu gastei 150 milhões com a montagem.

Antônio – Moracy, você foi comprometido com os primórdios da bossa nova. Depois você lançou Caetano e Gil na televisão. Mais recentemente você acreditou no Secos e Molhados como uma

A ENTREVISTA DO PASQUIM

IDEIA NOVA. E AGORA VOCÊ PARTIU PARA GODSPELL. SE VOCÊ PUSESSE SEU TALENTO EMPRESARIAL, E AGORA SUA POSIÇÃO FINANCEIRA, NUM ESPETÁCULO BRASILEIRO, ELE TERIA A MESMA POSSIBILIDADE DE SUCESSO DE GODSPELL?

Moracy – Eu vi o espetáculo em Nova Iorque, e era muito cristão para o meu gosto. Altair Lima recriou o espetáculo, trouxe o circo, de uma força maior. O que temos aqui é muito melhor que o de Nova Iorque ou Londres.

ANTÔNIO – NO SECOS E MOLHADOS AINDA HAVIA UMA PREOCUPAÇÃO EM SE EXPLICAR ESTETICAMENTE O SUCESSO. EM GODSPELL, HÁ?

Moracy – É uma peça muito boa em termos musicais. E até o fim do ano pretendo lançar dois grupos novos.

ANTÔNIO – QUAIS SÃO OS GRUPOS?

Moracy – Um é pessoal de São Paulo: Moto Perpétuo. O Secos e Molhados serviu pra mostrar que tem mercado. Agora é a hora da verdade, a pintura na cara não interessa mais. Temos que mostrar uma música nova.

EDUARDO – VOCÊ VAI LANÇAR UM CONJUNTO COM UMA PROPOSIÇÃO NOVA.

Moracy – É uma música de raízes latinas expandida em cima das influências do som do nosso dia.

FORTUNA – TEM MAIS ALGUMA COISA QUE VOCÊ QUEIRA DIZER SOBRE O SHOW BUSINESS?

Moracy – No Brasil dá pra começar de novo, com novos caras. Se você investir nesses valores terá uma resposta imediata. Pode haver uma abertura, em busca de ideias novas. Quem fizer isso terá um tremendo sucesso em termos de show biz no Brasil. O Secos e Molhados provou que isso era possível. Abriu o caminho. O show biz é um negócio muito importante pras pessoas. É onde elas projetam seus sonhos. E existem muitos cantores, compositores, e ideias novas para serem aproveitados.

> "No Brasil dá pra começar de novo, com novos caras. Se você investir nesses valores terá uma resposta imediata. (...) O Secos e Molhados provou que isso era possível."

Capítulo 4

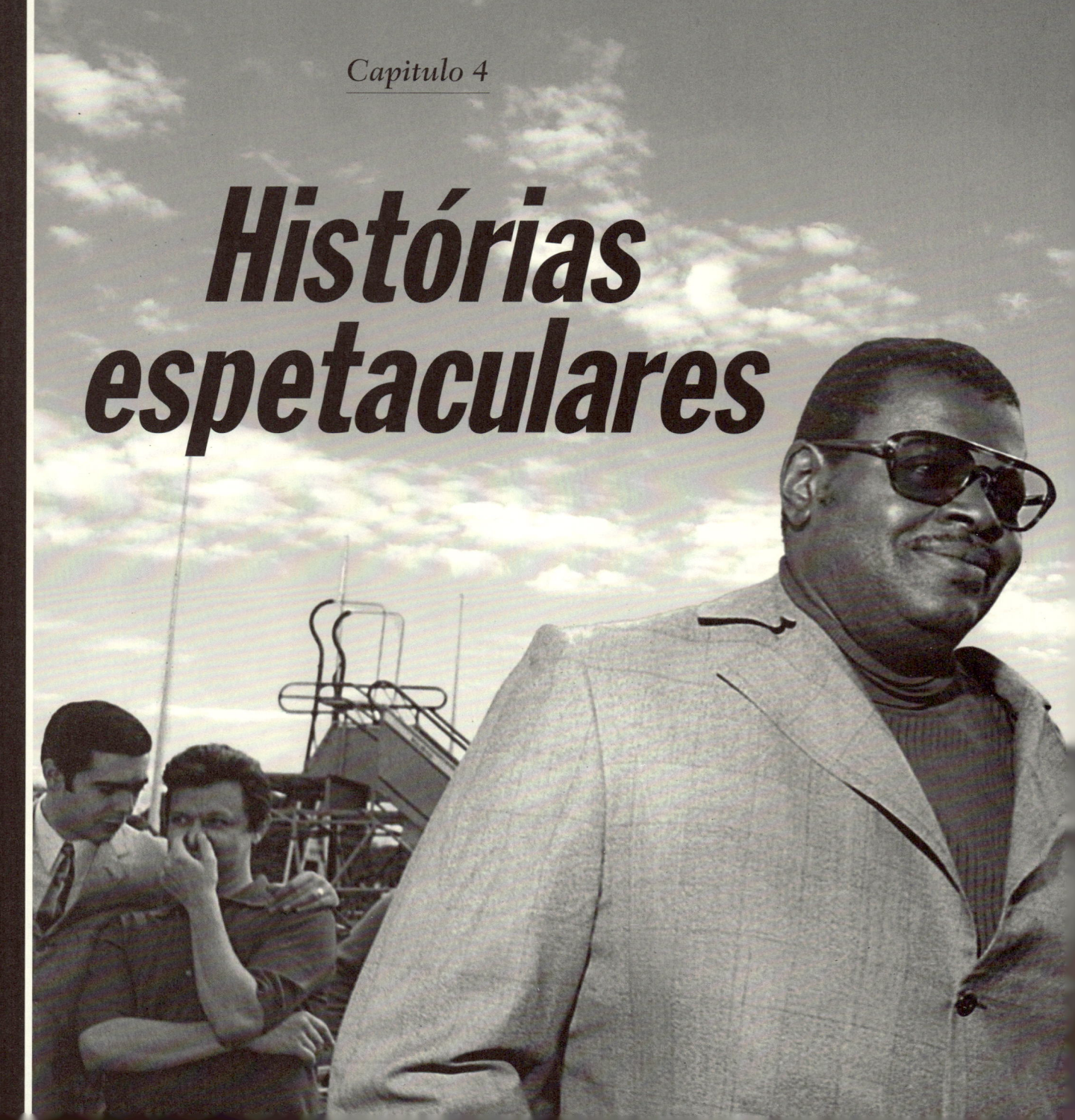

Histórias espetaculares

Na chegada de Oscar Peterson em São Paulo, o repórter Peirão de Castro foi um dos primeiros a entrevistá-lo, ainda no aeroporto. Moracy do Val aparece à esquerda conversando com o jornalista Fausto Rocha.

Oscar Peterson Trio durante apresentação na TV Excelsior. Ao lado, Sarah Vaughan em foto de divulgação de1955.

QUAIS OUTROS SHOWS E ESPETÁCULOS QUE VOCÊ EMPRESARIOU E PRODUZIU?

Foram muitos! Lembro por exemplo que um dia eu estava trabalhando na TV Excelsior e apareceu ali o empresário argentino, Alejandro Sterenfeld. Com a crise que o Chile vivia naquele momento, Alejandro começou a sondar o mercado brasileiro como rota para suas atrações internacionais, e ele queria trazer ninguém menos que Duke Ellington para cá. Imediatamente eu me entusiasmei pela ideia, pois adorava Duke Ellington, e começamos a trabalhar juntos. Nesta época comecei também uma parceria com o empresário Marbe Ramondini para trazer músicos de Jazz para São Paulo. Pagamos ao Alejandro um fixo de 10 mil dólares pelos direitos do show de Ellington e sua orquestra. Telefonei para o Fausto Canova pedindo apoio nos seus programas de rádio, para os meus amigos do Clube dos Amigos do Jazz (Camja), e para Armando Aflalo, do *Estadão*, um grande expert. A TV Excelsior, onde eu era produtor, entrou na divulgação e o adido cultural do consulado americano me ajudou, conseguindo data no Teatro Municipal de São Paulo para a apresentação. E foi um sucesso! Uma única apresentação de gala de Duke Ellington e sua orquestra em pleno Municipal. Uma maravilha!

Em seguida vieram Oscar Peterson Trio, e Earl "Fatha" Hynes, que é o pai do piano moderno do jazz, Sarah Vaughan, Ravi Shankar, Astor Piazzola, que se tornou um grande amigo meu.

Trouxemos para o Teatro Oficina, o *Rosa de Ouro*, um musical criado por Hermínio Bello de Carvalho, com Clementina de Jesus, Paulinho da Viola e Aracy Cortes. Trouxemos também Antonio Gades, o grande

- **DUKE ELLINGTON** (1899 – 1974), nome artístico de Edward Kennedy Ellington, compositor, pianista e band—leader norte-americano, um dos principais nomes mundiais do jazz em todos os tempos. *Take the A Train*, de Billy Strayhorn, é um dos seus maiores sucessos, assim como *Satin Doll*.
- Earl Kenneth Hines (1903 – 1983), conhecido como **EARL "FATHA" HINES**, compositor, líder de bandas e um dos mais influentes pianistas da história do jazz. Nos anos 20, em Chicago, toca na banda de Louis Armstrong, formando depois sua própria banda com a qual faz muito sucesso no Grand Terrace Ballroom, o clube de Al Capone. Hines entra em declínio depois da 2ª Guerra e é redescoberto nos anos 60.
- Formado originalmente por Bert Brown, Frank Gariepy e pelo seu fundador, o pianista canadense Oscar Peterson (1925 – 2007), o **OSCAR PETERSON TRIO** estreou em 1947, e durante décadas passou por dezenas de formações. É considerado o mais importante e influente trio de jazz de todos os tempos, e seus discos continuam sendo editados mesmo após a morte de seu líder.
- **SARAH** Lois **VAUGHAN** (1924 — 1990), uma das mais importantes e populares cantoras da história do jazz, dona de uma voz marcante, de tonalidade grave, e de uma versatilidade de tons tão abrangente e inovadora que chegava até a polemizar com os teóricos de jazz mais conservadores.
- **RAVI SHANKAR**, nome artístico de Robindro Shaunkor Chowdhury (1920 –2012), compositor e músico indiano que popularizou a cítara no universo da música ocidental. Compôs concertos, balés, trilhas para filmes e ganhou destaque internacional ao colaborar com os Beatles.
- **HERMÍNIO BELLO DE CARVALHO** (1935 –), compositor, poeta, jornalista e produtor musical. Fez parcerias com Cartola e Carlos Cachaça (*Alvorada no Morro*), Pixinguinha (*Fala Baixinho*), Jacob do Bandolim (*Noites Cariocas* e *Doce de Coco*), Paulinho da Viola (*Sei lá Mangueira*), Baden Powell (*Valha-me Deus*), D. Ivone Lara (*Mas quem Disse que eu te Esqueço*) e fez os versos de *Senhora Rainha*, de Villa-lobos. Como produtor, implantou os projetos Pixinguinha, que percorre o país com espetáculos a preços populares; Lúcio Rangel, de monografias sobre MPB; Almirante, para a edição de discos alternativos; e Ary Barroso, voltado para a divulgação da música nacional no exterior, entre outros.
- Paulo César Batista de Faria, ou **PAULINHO DA VIOLA**, (1942 -) é cantor, compositor de sambas e choros, músico e um dos mais talentosos representantes da MPB. Filho do violonista Benedicto Cesar Ramos de Faria, integrante do grupo de choro *Época de Ouro*. Em 1965 participou do musical *Rosa de Ouro*. Foi parceiro de sambistas ilustres, como Cartola, Elton Medeiros e Candeia.
- **CLEMENTINA DE JESUS** da Silva (1901 – 1987) cantora e sambista descoberta tardiamente para o mundo musical, aos 63 anos, após trabalhar como empregada doméstica por quase 30 anos. Gravou cinco discos solo e participou em outros seis.
- **ARACY CORTES** (1904 – 1985), nome artístico de Zilda de Carvalho Espíndola, uma

Duke Ellington e seu famoso piano na KFG Radio Studio em novembro de 1954.

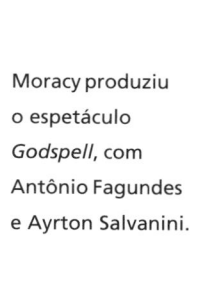

Moracy produziu o espetáculo *Godspell*, com Antônio Fagundes e Ayrton Salvanini.

Lucélia Santos durante intervalo de gravação da novela *Sinhá Moça*.

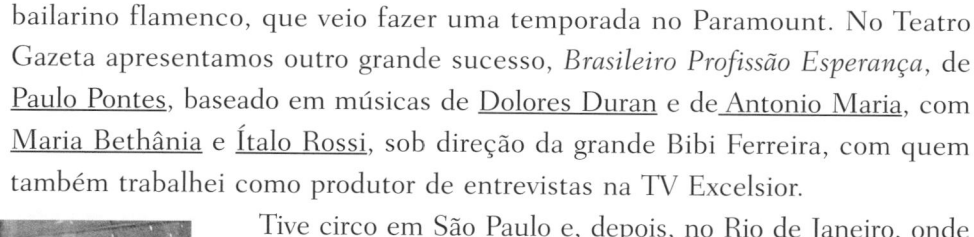

bailarino flamenco, que veio fazer uma temporada no Paramount. No Teatro Gazeta apresentamos outro grande sucesso, *Brasileiro Profissão Esperança*, de Paulo Pontes, baseado em músicas de Dolores Duran e de Antonio Maria, com Maria Bethânia e Ítalo Rossi, sob direção da grande Bibi Ferreira, com quem também trabalhei como produtor de entrevistas na TV Excelsior.

Tive circo em São Paulo e, depois, no Rio de Janeiro, onde montei o espetáculo *Godspell*. Em São Paulo com Antonio Fagundes, Tião Ribas Dávila, Aninha Braga e seu irmão, Júlio. No Rio, lancei uma menininha de uns 14 ou 15 anos chamada Lucélia Santos. No elenco, também, Wolf Maia, Zezé Mota e Lígia Diniz, entre outros. O circo ficava no bairro do Bixiga, num terreno cedido pelo lendário presidente do Corinthians, Vicente Matheus. Tive o grande prazer de ter sido assessorado em assuntos circenses pelo querido Ankito, um cômico genial.

Produzi também *Baden é de Lei*, com Baden Powell e direção de Bibi Ferreira. Neste caso deixei de ganhar dinheiro porque a casa estava sempre lotada, com duas sessões no sábado. Mas Baden fazia a primeira sessão, saía e 'esquecia' de voltar. E eu tinha de devolver todo o dinheiro da segunda sessão. Lancei ainda Jorge Mautner, levei para

O primeiro programa de entrevistas de Goulart de Andrade foi o *Sumaré 22 Horas*, realizado nos estúdios da TV Tupi de São Paulo a partir de 1960. Aqui, o jornalista aparece com a atriz franco-brasileira Guy Loup, que passou a usar o nome de Isabel Cristina, sua personagem na novela *O Direito de Nascer*, um dos maiores sucessos da TV brasileira de todos os tempos.

Earl "Fatha" Hines, o pai do piano moderno do jazz, trazido ao Brasil por Moracy do Val, se apresenta com Richard Davis (baixo) e Elvin Jones (bateria) no Theatro Municipal de São Paulo. Acima, a atriz Aninha Braga no musical *Godspell*, produzido por Moracy do Val e dirigido por Altair Lima.

das primeiras cantoras populares brasileiras, numa época onde predominavam as vozes masculinas. Iniciou sua carreira no teatro de revista, e foi a primeira cantora a gravar o clássico *Aquarela do Brasil*.

• **ANTONIO GADES** (1936 – 2004), nome artístico de Antonio Esteve Ródena, bailarino espanhol considerado o maior nome do flamenco moderno. Atuou em 12 filmes, e é mais conhecido do público brasileiro pela Trilogia Flamenca dirigida por Carlos Saura, e composta pelos filmes *Amor Bruxo*, *Bodas de Sangue* e *Carmen*.

• **PAULO PONTES** era o nome artístico de Vicente de Paula Holanda Pontes (1940 – 1976), dramaturgo que começou sua carreira como produtor de rádio e jornalista em sua terra natal, a Paraíba. No Rio de Janeiro, foi roteirista de humor no programa radiofônico de Haroldo Barbosa, participando depois da fundação do Grupo Opinião, para o qual escreve o texto de estreia, o show *Opinião*, em 1964. Quatro anos depois ingressa no grupo de dramaturgia da TV Tupi, e em 70 escreve o roteiro do show *Brasileiro: Profissão Esperança*. Em 1971 escreve a peça *Um Edifício Chamado 200*. Na televisão, escreveu a série *A Grande Família*, e no teatro seu espetáculo mais premiado foi *Gota d'Água*, em parceria com Chico Buarque.

• **DOLORES DURAN** (1930 – 1959), nome artístico de Adiléia Silva da Rocha, cantora e compositora. De infância pobre e cardíaca desde criança, foi descoberta no programa *Calouros em Desfile*, de Ary Barroso. Canta em diversas línguas e se apresenta em vários países, sempre em seu estilo marcante, dramático e melancólico. Grava quatro discos durante sua curta carreira interrompida por um infarto fulminante.

• **ANTÔNIO MARIA** de Araújo Morais (1921 – 1964), cronista, comentarista esportivo, jornalista, poeta, compositor, dramaturgo, personalidade de grande influência no meio cultural brasileiro dos anos 40 e 50.

• **MARIA BETHÂNIA** Viana Teles Velloso (1946 –), compositora e cantora de voz forte e potente, estreou em 1963, em Salvador, cantando na peça *Boca de Ouro*, de Nelson Rodrigues. Dois anos depois muda-se para o Rio, onde substitui Nara Leão no espetáculo *Opinião*. No mesmo ano grava o primeiro dos seus mais de 50 discos, iniciando uma carreira das mais marcantes e bem sucedidas da MPB.

• **ÍTALO** Balbo Di Fratti Coppola **ROSSI** (1931 – 2011), ator, participou da Companhia Teatro dos Sete e do Grande Teatro Tupi. Esteve em 29 novelas e especiais de televisão, além de 19 filmes. Em mais de 60 anos de carreira, o número de espetáculos teatrais nos quais atuou é praticamente incontável.

• **ANTÔNIO** da Silva **FAGUNDES** Filho (1949 –) um dos atores mais reconhecidos do Brasil, estreou nos palcos aos 15 anos de idade e é um dos poucos talentos a obter uma trajetória profissional marcante tanto no teatro como na TV e no cinema. Sua prolífica carreira contabiliza até o momento cerca de 50 novelas, seriados e especiais de televisão, mais de 30 espetáculos teatrais e 47 filmes.

• **ANINHA BRAGA**, ou Ana Maria Braga, atriz, irmã mais nova de Sonia Braga e mãe de Alice Braga. Na TV, estreou na novela *Sem Lenço, Sem Documento*, de Mário Prata. Atuou em

Dolores Duran na capa do disco *Canta Para Você Dançar*.

o teatro Milton Nascimento e o Som Imaginário no show baseado na música *Para Lennon e McCartney*. Foi muita gente! Teve até uma história com o Raul Seixas...

VOCÊ EMPRESARIOU RAUL SEIXAS?

Raul era meu amigo. Um dia ele e seu parceiro, Paulo Coelho, me pediram para que eu fosse o empresário do Raul. Fui até a casa dele para conversar, mas a gente bebeu tanto, tanto, que eu nem sei o que a gente conversou. Ele foi para o Rio de Janeiro e acabamos nem fechando o negócio. Era uma grande figura, gostava muito dele. Deixou saudades.

COMO FOI SEU PRIMEIRO CONTATO COM ANTONIO GADES?

Em 1964, eu estava em Nova York, onde fui conhecer a Feira Mundial, e no Pavilhão Espanhol vi várias apresentações de Antonio Gades e do seu guitarrista, Paco de Lucía. Achei maravilhoso, fui conversar com eles, ficamos batendo papo e ficamos amigos.

Antonio Gades, o grande bailarino flamenco, que fez uma temporada no Teatro Paramount, em São Paulo.

três longas metragens incluindo *O Beijo da Mulher Aranha*, de Hector Babenco
- Maria **LUCÉLIA** dos **SANTOS** (1957 –), atriz e cineasta, tornou-se mundialmente conhecida pela sua atuação na novela *Escrava Isaura*, exportada pela TV Globo para dezenas de países. Atuou em mais de 30 novelas, quase 20 filmes, e dirigiu o documentário de longa metragem *Timor Lorosae, o Massacre que o Mundo Não Viu*.
- **VICENTE MATHEUS** Bathe (1908 – 1997), empresário espanhol naturalizado brasileiro, atuava no ramo da construção e mineração, ganhou popularidade como presidente do Corinthians por oito mandatos. Era conhecido por suas divertidas frases repletas de erros, muitas das quais, segundo dizia sua esposa, Marlene, ele errava propositadamente, em busca de destaque na mídia. Entre elas, "Sócrates é um jogador inegociável, invendável e imprestável".
- Anchizes Pinto (1924 – 2009), conhecido como **ANKITO**, iniciou sua carreira como acrobata, modalidade esportiva que lhe deu cinco títulos de campeão sul-americano. Foi ator de teatro, de shows musicais, e se popularizou nacionalmente através dos mais de 30 longas de cinema que protagonizou. Em 1960, sofreu um acidente durante as filmagens de *Um Candango na Belacap* que afetou sua mobilidade e restringiu sua carreira. Na TV, atuou na Tupi, Record, Bandeirantes e participou de novelas e minisséries na Globo.
- **JORGE MAUTNER** (1941 –), nome artístico de Henrique George Mautner, cantor, compositor, tradutor e escritor, figura de expressão em movimentos culturais que combateram a ditadura militar. Tem 14 discos gravados e 13 livros publicados, além do longa metragem *O Demiurgo*, que roteirizou, dirigiu e atuou.
- **MILTON** do **NASCIMENTO** (1942 –) cantor e compositor, já teve como parceiros nomes como Wayne Shorter, Pat Metheny, Björk, Peter Gabriel, Sarah Vaughan, Chico Buarque, Gal Costa, Caetano Veloso, Gilberto Gil e tantos outros. Autor de vários clássicos da MPB, como *Travessia*, *Coração de Estudante* e *Maria Maria*, gravou cerca de 40 discos.
- A banda **SOM IMAGINÁRIO** surgiu na década de 70 para acompanhar o cantor Milton Nascimento em seus shows. Wagner Tiso e Zé Rodrix fizeram parte da primeira formação do grupo, que contou também com Frederyko (guitarra), Tavito (violão), Robertinho Silva (bateria). Além de Milton, o grupo, que teve várias formações, também acompanhou em gravações nomes como Gal Costa, Taiguara, MPB-4, Simone, entre tantos outros. Em 2012, depois de quatro décadas sem se apresentar, a banda se reuniu no projeto *Wagner Tiso e o Som Imaginário*, quando retomaram uma nova agenda de shows.
- **RAUL** Santos **SEIXAS** (1945 – 1989) produtor, cantor e compositor dos mais polêmicos, chamou a atenção do público e da crítica ao misturar rock'n'roll com ritmos nacionais e se tornar um pioneiro do rock brasileiro. Com

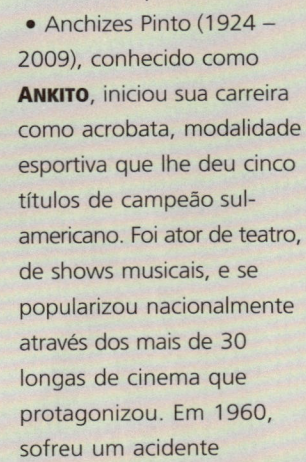

Desenho de Kélio Rodrigues que ilustrou a capa do álbum *Milton*, de Milton Nascimento, lançado em 1970. Ao lado, o comediante Ankito.

VOCÊ TAMBÉM CONHECEU ELIS REGINA, NÃO FOI?

Elis! A maior cantora que o Brasil já teve! Que pessoa espetacular! Que gênio difícil! Eu a conheci em 1962, quando as lojas Renner estavam completando 50 anos de fundação. Como a Renner era a principal anunciante do programa da Bibi Ferreira, na TV Excelsior, resolveu-se produzir um programa especial que seria transmitido diretamente de Porto Alegre, cidade sede da empresa. Eu estava lá cobrindo um evento, mas a Bibi teve algum problema e não viajou para apresentar o programa, função que acabou sendo feita por Walter Silva.

O fato é que alguns minutos antes do início do show, aparece lá nos estúdios da TV Gaúcha uma gauchinha linda, adolescente espevitada, que queria de qualquer maneira cantar no programa. Walter explicou que não seria possível, claro, e a Elis acabou cantando pra nós, nos bastidores, só pra provar que ela tinha voz, que era boa. E tinha mesmo! Ficamos encantados, mas obviamente não seria possível colocar, assim de repente, uma nova atração no programa.

Elis Regina ganhou o Troféu Imprensa no início de sua carreira.

E ELA NÃO SE APRESENTOU?

Não, não se apresentou, mas eu fiquei com aquilo na cabeça. Pouco tempo depois vi Elis num superlotado barzinho no Beco das Garrafas, no Rio. Era um lugar onde cabiam umas 40 pessoas, mas tinha mais de 300. Lembrei: era a garota de Porto Alegre, agora produzida e dirigida por Miele e Bôscoli. Pouco tempo depois pintaram o 'furacão' Elis, seu empresário Marcos Lázaro, o show *Dois na Bossa*, com Jair Rodrigues, e a grande história que todos conhecem!

letras contestadoras, irreverentes, suas canções renderam 17 discos em 26 anos de carreira. *Maluco Beleza*, *Ouro de Tolo*, *Mosca na Sopa*, *Metamorfose Ambulante* e *Gita* estão entre seus sucessos mais conhecidos.

• **PAULO COELHO** (1947 –), escritor, ex-hippie, tornou-se parceiro de Raul Seixas. Em 1982 lançou seu primeiro livro, *Arquivos do Inferno*, mas o sucesso só viria em 87, com *O Diário de um Mago* e *O Alquimista*. Transformou-se no autor mais vendido em língua portuguesa de todos os tempos, totalizando 100 milhões de livros, em mais de 150 países.

• **PACO DE LUCÍA** (1947 – 2014) nome artístico de Francisco Sánchez Gomes, compositor, produtor e guitarrista espanhol de renome internacional. Grande difusor das raízes musicais tradicionais e folclóricas da Espanha, gravou 24 álbuns e compôs a trilha sonora de oito filmes.

• **ELIS REGINA** Carvalho Costa (1945 – 1982), considerada uma das maiores cantoras brasileiras de todos os tempos, foi revelada no festival de música da TV Excelsior, em 1965, com a música *Arrastão*, onde expôs seu estilo único, expansivo, diferenciado, interpretativo e, acima de tudo, com inacreditáveis potência e afinação de voz. Foi a primeira grande cantora brasileira surgida na televisão, onde marcou época comandando o programa *O Fino da Bossa*, ao lado de Jair Rodrigues. Sua interminável lista de sucessos inclui *Madalena*, *Como Nossos Pais*, *Falso Brilhante*, *O Bêbado e a Equilibrista*, *É Com Esse Que Eu Vou*.

• **MIELE & BÔSCOLI**, dupla formada pelo apresentador Luís Carlos Miele (1938 – 2015) e pelo compositor Ronaldo Bôscoli (1928 – 1994). Eles participaram das produções de *Noite de Gala* e *Cara & Coroa* (com Dori Caymmi e Sílvia Telles), na TV Rio; *Musical em Bossa 9*, na TV Excelsior; *O Fino da Bossa*, *Show em Simonal* e *Elis Especial*, na TV Record; *Sandra & Miele* e *Viva Marília*, na Rede Globo, além de inúmeros musicais em teatros e casas de shows.

• **MARCOS LÁZARO** (? – 2003), empresário polonês criado na Argentina e radicado no Brasil, considerado um dos introdutores do conceito de show biz no país. Em seu auge, nos anos 60 e 70, empresariou nomes como Jorge Ben, Maysa, Roberto Carlos, Wilson Simonal, Ronald Golias, Elis Regina, Wanderléia e Chico Buarque, entre vários outros. Nunca revelou publicamente seu ano de nascimento, preferindo esconder a idade.

• **JAIR RODRIGUES** de Oliveira (1939 – 2014), cantor, foi engraxate, mecânico e pedreiro, até vencer um programa de calouros e ingressar na carreira musical, no interior paulista.

Elis Regina e Toquinho nos bastidores da Record.

Jair Rodrigues em foto que ilustrou o seu primeiro LP, *Vou de Samba Com Você*, lançado em 1964.

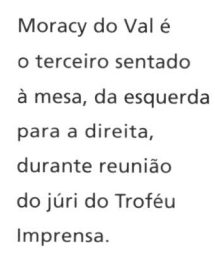

Moracy do Val é o terceiro sentado à mesa, da esquerda para a direita, durante reunião do júri do Troféu Imprensa.

No julgamento do Troféu Imprensa de 1965, eu, que fazia parte do corpo de jurados, briguei muito para que o prêmio de melhor cantora fosse dado a Elis. Muitos dos meus colegas preferiam as cantoras mais tradicionais, todas ótimas, mas eu briguei argumentando que a Elis era algo novo, revolucionário, e ela acabou ganhando. Foi com um prazer enorme que eu mesmo entreguei a estatueta a ela, na cerimônia de premiação daquele ano.

E COMO ELA ERA PESSOALMENTE?

Era espetacular, muito simpática, muito amiga, muito simples. Certa vez, quando eu morava na Rua Frei Caneca, estava vendo televisão em casa e vi a Elis se apresentando ao vivo diretamente do Teatro Record, que ficava não muito longe dali. Não tive dúvidas: peguei meu fusquinha e fui correndo ao teatro para dar um abraço nela. O programa era *Astros do Disco*, com Randal Juliano. A garotinha que eu havia conhecido em Porto Alegre já era a maior cantora do país. E continua sendo.

Ganhou grande popularidade a partir de 65 ao apresentar o programa *O Fino da Bossa*, na TV Record, ao lado de Elis Regina. No ano seguinte, venceu o Festival da MPB, na mesma emissora, cantando *Disparada*, e sua carreira decolou. Conhecido por sua irradiante energia, e por colocar alegremente nos bolsos os bombons jogados no palco por seus fãs. Jair interpretava com muita desenvoltura os mais diversos ritmos, do samba ao sertanejo, da MPB a canções românticas. Gravou mais de 40 discos.

• **RANDAL JULIANO** Mattosinho (1925 – 2006), jornalista, radialista, e ator, fez carreira na Rádio Panamericana de 1944 até 86, destacando-se como locutor, apresentador de diversos programas, comentarista musical e esportivo. Na TV Record, apresentou o programa *Astros do Disco*. Atuou também nas TVs Cultura e Gazeta, e chegou a tentar a carreira de ator, participando de nove telenovelas.

• **MAURICIO** Araújo **DE SOUSA** (1935 –), desenhista, cartunista, quadrinista e empresário conhecido internacionalmente como o "pai' da Turma da Mônica. Foi repórter policial e publicou sua primeira tira de quadrinhos em 1959, com o cãozinho Bidu. Não parou mais, e hoje comanda o mais bem sucedido empreendimento criado a partir de personagens de quadrinhos em toda a história das comunicações do Brasil.

• **ORIVAL PESSINI** (1942 – 2016), ator e humorista, conhecido pela criação e utilização de máscaras de látex em seus personagens, como Sócrates, Charles, Fofão, Patropi, Ranulpho Pereira, e vários outros.

• **ABELARDO FIGUEIREDO** (1931 – 2009), empresário e diretor artístico, foi secretário do Teatro de Arte do Rio de Janeiro, montou o Teatro de Alumínio, em São Paulo, e dirigiu casas noturnas que marcaram época, como Palladium, Urso Branco e Beco. Foi um dos pioneiros da produção de shows para a TV brasileira e produziu dezenas de espetáculos de MPB em palcos brasileiros e internacionais.

• **JÚLIO** Campos **BRAGA** (1954 –) ator, iniciou sua carreira em 1978 no seriado *Sítio do Pica-Pau Amarelo*, produzido pela Globo entre 1977 e 1986. Participou de oito filmes, e 22 novelas e seriados de TV.

• **JOÃO SIGNORELLI** e Silva (1956 –), ator, iniciou sua carreira na televisão aos 18 anos de idade, na novela *Supermanoela*. Dois anos depois, estreou no cinema com *Fogo Morto*. Suas participações em televisão somam em torno de 40 títulos, entre novelas e seriados. Na tela grande, atuou em oito longas.

• Carlos Eduardo ou **KADU MOLITERNO**, (1952 –) ator popularmente conhecido por sua participação no seriado *Armação Ilimitada*, produzido pela TV Globo entre 1985 e 1988. Atuou em 33 novelas, quatro seriados e quatro filmes.

• **WALTER** Rosciano **FRANCO** (1945 –), cantor e compositor bastante atuante em movimentos alternativos e de vanguarda dos anos 70. Suas músicas mais conhecidas são a dissonante *Cabeça*, e a zen *Coração Tranquilo*. Gravou sete discos, sendo *Revolver*, de

Mauricio de Sousa segura o Jotalhão em seu estúdio.

COMO FOI SUA EXPERIÊNCIA PRODUZINDO UM ESPETÁCULO INFANTIL DE MAURICIO DE SOUSA?

Eu conhecia Mauricio de Sousa já há muitos anos, desde a época em que ele era repórter policial na *Folha de S.Paulo*. E já fazia algum tempo que eu pensava num espetáculo teatral para o público infantil. Afinal, eu tinha filhas pequenas que não podiam ver as peças que eu produzia, pois elas eram proibidas para menores. Tive a ideia então de montar um show musical a partir dos famosos personagens de Mauricio de Sousa. O Mauricio já havia feito um disco com músicas infantis, *A Turma da Mônica Contra o Capitão Feio*, e eu tive a ideia de transformar esse disco num espetáculo musical.

Pensei então em fazer tudo com atores vestindo grandes máscaras que representassem os personagens. Assim, procurei Francisco Curcio, que além de ator também era meu dentista, e Orival Peccini, que faziam aquelas máscaras maravilhosas dos personagens Fofão, Patropi, o Macaco Sócrates (da abertura do programa humorístico *O Planeta dos Homens*, da Globo), e vários outros. Levei a ideia para o Mauricio, ele topou, Curcio e Peccini produziram as máscaras, Eu e o Altair Lima produzimos e o Abelardo Figueiredo dirigiu. Deu tudo muito certo.

COM OS ATORES ESCONDIDOS SOB AS MÁSCARAS?

Era um sufoco [*risos*]! Se entrasse uma barata naquelas roupas era um sufoco [*risos*]! O elenco era formado por Lucélia Santos no papel de Magali; Júlio Braga, irmão de Sonia Braga, como Cascão; João Signorelli vestia a fantasia de Jotalhão e o Kadu Moliterno também fazia outros personagens.

Esse espetáculo, que estreou em 1972, deu uma grande guinada na carreira do Mauricio, que a partir daí montou todo um novo departamento nos estúdios dele. E foi também uma grande jogada, pois com máscaras e a trilha sonora pré-gravada podem ser montados vários elencos simultâneos em todo o país.

E A EXPERIÊNCIA COM WALTER FRANCO?

A primeira vez que ouvi falar de Walter Franco foi no mesmo ano da estreia da peça *A Turma da Mônica Contra o Capitão Feio*, quando eu participava de uma 'peneira' que selecionava as músicas que concorreriam no festival *Abertura*, da

1975, o mais reconhecido pela crítica.
- **BARRY MCGUIRE** (1935 –) cantor e compositor norte-americano de grande projeção nos anos 60 e 70 em função principalmente de suas canções de protesto Gravou cerca de 30 discos.
- **NARA** Lofego **LEÃO** Diegues (1942 – 1989), cantora considerada a musa da Bossa Nova, estreou profissionalmente no musical *Pobre Menina Rica*, de 1963. Consagrou-se com a histórica apresentação do espetáculo *Opinião*, contra o golpe de 64, e estourou popularmente interpretando *A Banda*, de Chico Buarque, vencedora do Festival da TV Record de 1966. Gravou 28 discos.
- **CELSO LUIZ PAULINI** (1929 – 1992) escritor, poeta e dramaturgo, autor dos livros *O Gerifalto*, *O Gerifalto Primus et Secundus*, *Vênus no Telhado*, e das peças *O Pique-Nique*, *Cleo e Clea*, e *As Raposas do Café*, entre outras.
- **MARIO** Alberto Campos de Morais **PRATA** (1946 –), escritor, dramaturgo, cronista e jornalista, autor de sucesso em telenovelas

O primeiro LP de Nara Leão saiu pela gravadora Elenco em 1964, com projeto gráfico inovador de Cesar Villela.

> **"QUEM PRIMEIRO ME LANÇOU NO MUNDO DA MPB FOI O EMPRESÁRIO MORACY DO VAL, JUSTAMENTE NO ANO DE 1965, MESES ANTES DO MEU EXÍLIO"**
>
> "Em 1965, eu gravei um compacto pela RCA-Victor, com a produção de Moracy Do Val, e acompanhado pelo grupo de folk-rock *The Vikings* (eram dois irmãos que cantavam músicas deles e dos Everly Brothers). Este disco, juntamente com o livro *Vigarista Jorge*, motivaram a incursão do meu nome na Lei de Segurança Nacional. Dois meses depois de lançado o compacto, cronistas de jornais, inclusive o falecido Sergio Bittencourt, filho do Jacob do Bandolim, e que era, junto com Nelson Motta, júri do Flávio Cavalcanti, denunciaram tanto ele como o meu livro como perigosa subversão trotskista. Apesar disso, por ocasião da minha volta do exílio em 1971, fui encontrar Sergio Bittencourt, eu o perdoei, ele também, e nos abraçamos. A faixa *Radioatividade*, que fala sobre a Terceira Guerra Mundial e da bomba atômica, causava muita estranheza pela sua temática, até por pessoas geniais e bem-pensantes, como Nara Leão, que disse a respeito: "o que tem o Brasil a ver com a bomba atômica?"
>
> Depoimentos de **Jorge Mautner** publicados em seu site Panfletos da Nova Era (panfletosdanovaera.com.br)

Rede Globo. Quando ouvimos a música *Cabeça*, do então desconhecido Walter Franco, foi um susto. Eu adorei aquela música estranhíssima, totalmente vanguardista, diferente, dissonante, e briguei para que ela fosse selecionada para concorrer. Não deu outra: *Cabeça* foi a vencedora do Festival de 1972, e o Walter Franco ficou famoso. E a vaia que ele recebeu, inigualável!

No ano seguinte, na gravadora Continental, Walter Silva e eu produzimos o primeiro disco de Walter Franco, chamado *Ou Não*, que marcou época pela sua capa, toda branca, sem nenhum título, que tinha apenas uma mosca no centro.

Cartaz do show *Eternamente*, de Walter Franco, produzido por Moracy do Val. Ao lado, compacto *Radioatividade/Não Não Não*, primeiro disco gravado por Jorge Mautner.

COMO VOCÊ CONHECEU JORGE MAUTNER?

Jorge Mautner era vizinho da minha mulher. O primeiro disco dele, o antológico *Radioatividade/Não Não Não*, eu produzi pela RCA Victor. Na época a imprensa começou a questionar o que o Brasil tinha a ver com radioatividade. Não existia naquele momento o pensamento globalizado que existe hoje, e que Mautner já tinha há muito tempo. Poucos por aqui haviam percebido os perigos da era atômica sobre os quais Barry McGuire já havia alertado em sua música *Eve of Destruction*, mas Mautner e eu estávamos ligados e eu inclusive usei o exemplo do sucesso de McGuire para convencer a RCA a gravar Mautner. Nara Leão, que todos nós adorávamos de paixão, também deu uma entrevista naquela ocasião dizendo que o Brasil não tinha nada a ver com o tema da radioatividade. As pessoas em geral não entendiam direito.

COMEMOROU MUITO O FIM DA CENSURA?

Melhor que comemorar, em 1985 resolvemos testar até que ponto existia mesmo a tal da "abertura lenta e gradual" que o governo falava na época. Resolvi produzir e montar uma peça chamada "Deliciosas e Indecentes", com textos de Celso Luiz Paulini, Mário Prata e outros. Então, eu chamei a Maria da Graça Meneghel...

CHAMOU A XUXA?

Sim! Eu fui para o Rio, pegamos ponte-aérea, ela veio comigo...

Com texto de Celso Luiz Paulini, *Camasutra* estreou no Teatro das Nações, com produção de Moracy do Val e direção de Altair Lima.

MAS ELA JÁ ERA NAMORADA DE PELÉ?
Ela já tinha feito aquela aparição no filme do Walter Hugo Khouri – *Amor, Estranho Amor* –, no qual aparece nua numa bandeja. Então, depois de ver qual era a peça, ela me disse: "Eu preciso ver se o Dico aprova". Era o Edson, o Pelé, que para a Xuxa era o "Dico". Mas o Dico não aprovou que ela fizesse a peça "Deliciosas e Indecentes" que terminou sendo chamada de *Camasutra*, assim mesmo com *C*, e onde os atores ficavam totalmente nus. Foi uma loucura! Além de todo mundo aparecer em cena pelado, no meio do cenário havia uma árvore enorme que ficava o tempo todo em cena, e quando se via a copa da árvore, se percebia que era um cacetão, um pau enorme! Uma representação, talvez, da Árvore da Vida, do Jardim do Éden. No final da peça, quando todos agradeciam os aplausos do público, é que se revelava que a árvore na verdade era um falo imenso, que também se curvava para agradecer. A plateia delirava! O único problema era Paulo César Pereio, que me dava um trabalho enorme porque nem sempre aparecia para fazer o seu papel, e tinha sempre de ser substituído por Altair Lima. Mas Pereio continuou sendo um amigo.

ALÉM DE SHOWS E MUSICAIS VOCÊ TAMBÉM PRODUZ CINEMA.
Sim, produzi as duas versões do filme *O Menino da Porteira*, a primeira em 1976, com Sérgio Reis, e a segunda em 2009, com o cantor Daniel. E coproduzi vários filmes, entre os quais *Mágoa de Boiadeiro*, também com Sérgio Reis; *Chumbo Quente*, com Léo Canhoto e Robertinho; *O Milagre*, com Roberto Leal; e *O Diário da Província*, de Roberto Palmari, com Gianfrancesco Guarnieri e José Lewgoy. Muito pouco. Eu queria ter produzido um sobre Raul Seixas, com quem cheguei a trocar ideias sobre o filme.

POUCA GENTE SABE QUE A PRIMEIRA VERSÃO DO FILME O MENINO DA PORTEIRA FOI COPRODUZIDA PELO CANTOR ANTÔNIO MARCOS.
Sim, conheci Antônio Marcos ainda na época da Jovem Guarda, quando ele tinha um grupo chamado *Os Iguais*. Passada essa fase, comecei a aconselhá-lo.

como *Estúpido Cupido* (1976), peças como *Fábrica de Chocolate* (1979) e *Besame Mucho* (1982) e livros como *Schifaizfavoire – Dicionário de Português* (1994), entre outros. Começou a escrever, ainda adolescente, na *Gazeta de Lins*. Sua primeira peça teatral foi *O Cordão Umbilical*, de 1970.

• Maria da Graça **XUXA** Meneghel (1963 –), modelo e apresentadora de TV, fez sucesso nos anos 80 posando para diversas revistas, incluindo a *Playboy*, e fez parte do cast da Ford Models. Teve sua carreira impulsionada quando namorou Pelé. Em 1982 fez uma participação polêmica no filme *Amor, Estranho Amor*, no qual contracena em cenas íntimas com um menino. Na televisão, começou na Rede Manchete, apresentando o *Clube da Criança*. Mais tarde, foi contratada pela Globo, onde estrelou o *Xou da Xuxa*, programa matinal infantil de enorme sucesso.

• Edson Arantes do Nascimento (1940 –), mais conhecido como **PELÉ**, começou sua carreira de jogador de futebol no Santos, em 1956, aos 16 anos, e logo chegou à Seleção Brasileira, sendo campeão em sua primeira Copa do Mundo, com apenas 17 anos. Sempre no Santos, Pelé foi dez vezes campeão paulista; seis vezes, campeão brasileiro; em 1962 e 1963 ganhou a Taça Libertadores da América e da Copa Intercontinental. Marcou seu milésimo gol em 19 de novembro de 1969, na vitória do Santos contra o Vasco, no Maracanã. Em 1974, se transferiu para o Cosmos, clube de Nova York, onde encerrou sua carreira profissional três anos depois. Foi tri-campeão do mundo pela Seleção Brasileira, recebeu o título de "Atleta do Século" em 1980, através de uma votação com jornalistas das 20 mais importantes publicações de esportes do mundo.

• Paulo César de Campos Velho (1940 –), conhecido como **PAULO CÉSAR PEREIO**, iniciou sua carreira de ator no grupo gaúcho *Teatro de Equipe*, nos anos 50. No cinema, *Os Fuzis*, de 1964, foi o primeiro de uma longa carreira de mais de 100 filmes, minisséries e novelas. Figura marcante do chamado Cinema Marginal, é conhecido pela sua irreverência e ironia. É considerado um dos melhores narradores do país.

• **SÉRGIO REIS** (1940 –), nome artístico de Sérgio Bavini, ator, cantor e compositor, iniciou sua carreira no estilo Jovem Guarda, com o sucesso *Coração de Papel*. Reinventou-se como sertanejo e obteve grande popularidade ao protagonizar a primeira versão do filme *O Menino da Porteira*. Gravou mais de 50 discos e tem seis participações em telenovelas.

• José **DANIEL** Camillo (1968 –), cantor sertanejo, iniciou sua carreira em dupla com João Paulo. Após a morte do parceiro, lançou-se em carreira solo onde obteve grande sucesso popular e gravou, até o momento, 18 discos. Atuou em cinco filmes, sendo protagonista em um deles (*O Menino da Porteira*) e tem várias participações em telenovelas e programas de TV.

• **LÉO CANHOTO E ROBERTINHO**, dupla sertaneja criada em 1968 por Leonardo Sachi e José Simão Alves. Por usarem cabelos compridos, roupas extravagantes e joias, foram apelidados de "os hippies da

Selo comemorativo do milésimo gol de Pelé, lançado em janeiro de 1970.

Sugeri ao Genildo Fonseca, seu empresário, um repertório diferente, baseado em músicas brasileiras. Antônio Marcos era o segundo maior sucesso de vendas de discos do Brasil, perdendo só para Roberto Carlos. Chegamos a participar de um show de cantores latinos no Madison Square Garden, em Nova York, onde ele fez um sucesso enorme. Antonio Marcos fazia muito, muito sucesso. Cheguei a vender 40 shows de uma vez para ele, várias semanas pelo norte e nordeste do Brasil, com o patrocínio das Bicicletas Caloi. Foi um sucesso enorme! Mas do mesmo jeito que ele ganhava dinheiro, ele gastava, pagava as contas dos amigos, comprou uma mansão enorme, nunca ligou para dinheiro. Para mim ele foi e continua um irmão.

E VOCÊS SE TORNARAM SÓCIOS NESSA PRIMEIRA VERSÃO DE O MENINO DA PORTEIRA...

Sim, o filme começou com Antônio Marcos. Depois, através de Roberto Palmari, que eu já conhecia da Excelsior, conheci Jeremias Moreira e posteriormente Antonio Carlos Raele. Eu estava num clube na Serra da Cantareira, próximo de uma das casas de Antônio Marcos, onde ele me apresentou Raele, da Líder Cinematográfica, laboratório de cópias e revelações de cinema. Começamos a conversar e Raele me fala desta sua ideia de transformar em filme a tradicional canção sertaneja *O Menino da Porteira*. E eu logo sugiro Sérgio Reis para ator principal. Ligamos imediatamente para Sérgio, que vem voando da casa dele em meia hora. "Este filme vai mudar minha vida", ele disse. Depois chamamos para a direção Jeremias Moreira, que trabalhava na Lynx Film, do César Mêmolo e Sadi Scalante. Ele já conhecia meu sócio Raele, e já tinha montado *O Predileto*, primeiro filme do Palmari, lançado em 1975.

Decidimos então, Raele, Jeremias, Antônio Marcos e eu, montar a Topázio Filmes, que levou este nome porque Antônio Marcos tinha seu escritório numa grande casa na Rua Topázio, no bairro da Aclimação. Lembrei-me da minha in-

No alto, Vanuza e Antônio Marcos saindo da TV Globo, no Rio de Janeiro, em maio de 1975. Logo abaixo, Márcio Costa e Sérgio Reis em *O Menino da Porteira*, de 1977.

música sertaneja". Em 1977 protagonizaram o filme *Chumbo Quente*. Ainda em atividade, a dupla está chegando à marca dos 30 discos gravados.

• **GIANFRANCESCO** Sigfrido Benedetto Marinenghi de **GUARNIERI** (1934 - 2006), dramaturgo, ator, diretor, foi o responsável por abordar pela primeira vez a luta operária num texto teatral já em sua obra de estreia. *Eles Não Usam Black-Tie* foi encenada no início de 1958, e se tornou um grande sucesso de público que salvou o Teatro de Arena da falência, além de revelar um autor preocupado com os graves problemas sociais do país. Escreveu dezenas de peças de sucesso, como *Arena Conta Zumbi*, *Um Grito Parado no Ar* e *Ponto de Partida*. Na televisão, estreou no *Grande Teatro Tupi*, em 1957, se tornando um dos atores mais populares do Brasil. No ano seguinte estreou no cinema com o filme *O Grande Momento*, de Roberto Santos. Atuou em mais de dez filmes e 40 novelas e séries de TV.

• **JOSÉ LEWGOY** (1920 – 2003), ator de prestígio internacional, é conhecido como o maior vilão do cinema brasileiro e atuou em quase uma centena de filmes. Começou sua carreira no teatro, mas foi com a ajuda de Érico Veríssimo que conseguiu uma bolsa na Universidade Yale, EUA, para cursar artes cênicas. De volta ao Brasil, estrelou dezenas de chanchadas da Atlântida ao lado de nomes como Oscarito, Grande Otelo, Eliana Macedo, Cyll Farney e Anselmo Duarte. Estreou em televisão em 1964 no *Jornal de Vanguarda*, da TV Excelsior. Atuou em mais de 35 novelas e minisséries na TV.

• **ANTÔNIO MARCOS** Pensamento da Silva (1945 – 1992), cantor, ator e compositor, atuou em teatro e telenovelas, e obteve sucesso popular interpretando baladas românticas, principalmente *Tenho Um Amor Melhor Que o Seu*, *Oração de Um Jovem Triste*, *Como Vai Você* e *O Homem de Nazaré*. Gravou 18 discos e atuou em cinco filmes.

• **JEREMIAS MOREIRA** Filho (1942 –) roteirista e cineasta, dirigiu centenas de comerciais e é um dos principais representantes do chamado "cinema caipira", tendo dirigido vários longas desta temática, incluindo as duas versões de *O Menino da Porteira*. Como diretor ou produtor, realizou oito longas metragens.

• **DARCY RIBEIRO** (1922 – 1997), antropólogo e escritor de grande influência com suas idéias sobre a identidade latino-americana. Lutou pelos direitos dos índios e pela qualidade da educação no Brasil, sendo um dos responsáveis pela criação da Universidade de Brasília. Foi Ministro da Educação no Governo João Goulart durante o parlamentarismo. Depois do golpe militar

Sérgio Reis (*direita*) aceitou o papel de protagonista no filme *O Menino da Porteira* porque acreditava que esta produção iria mudar a sua vida.

Gianfrancesco Guarnieri fez sua estreia no cinema em *O Grande Momento*, filme de Roberto Santos, lançado em 1958. Ao lado, José Lewgoy, o maior vilão das chanchadas da Atlântida.

fância, em Pindorama, quando eu via caminhões e caminhões de gente chegando ao cinema para ver os filmes do Mazzaropi. Percebi que fazer filmes de temática caipira, cuja cultura sempre admirei, seria um bom negócio. E *O Menino da Porteira* fez um sucesso estrondoso. Só no Art Palácio, que era um dos maiores cinemas de São Paulo, o filme ficou dez semanas em cartaz. Pena que houve muita evasão de renda. Os dados oficiais falam em 3,5 milhões de espectadores em todo o Brasil, mas todo mundo do mercado cinematográfico sabia que foram muito mais.

EXPLICA MELHOR ISSO...
Os cinemas costumavam usar um esquema para vender o mesmo ingresso várias vezes. Por isso, montamos um grupo de fiscais para impedir que eles fizessem isto. Sempre houve uma evasão de rendas muito grande no cinema. Mas independente disso o filme foi um grande acontecimento. Depois, como já falei, produzi *Mágoa de Boiadeiro*, e vários outros filmes, que não chegaram a repetir o grande sucesso de *O Menino da Porteira*, mas também alcançaram bilheterias muito boas.

NESSA ÉPOCA VOCÊ TAMBÉM TENTOU PRODUZIR UM FILME BASEADO NA OBRA DE DARCY RIBEIRO. COMO FOI ESSA HISTÓRIA?
Eu estava com prestígio, depois que a carreira dos *Secos & Molhados* terminou. A Topázio Cinematográfica já estava na Avenida Brigadeiro Luiz Antônio quando tive algumas reuniões com Darcy Ribeiro no Rio, São Paulo e na Itália, visando a produção de

de 1964 teve seus direitos cassados e passou a viver no exílio. Escreveu dezenas de livros nas áreas de Antropologia e Educação, além de quatro romances.

• Vitor Mateus Teixeira, o **TEIXEIRINHA** (1927 – 1985) foi um dos mais populares cantores, compositores e atores do Rio Grande do Sul, grande difusor da cultura tradicional gaúcha. Seu maior sucesso, *Coração de Luto*, ganhou o sarcástico apelido de "Churrasquinho de Mãe", pois narrava a história verídica da morte da mãe do compositor, vítima de incêndio. Gravou mais de 50 discos e protagonizou 12 filmes.

• **TONICO & TINOCO**, uma das mais marcantes e populares duplas caipiras da música brasileira, formada pelos irmãos João Salvador Perez, o Tonico (1917 – 1994), e José Salvador Perez, o Tinoco (1920 – 2012). Foram 60 anos de carreira, 83 discos, mais de 150 milhões de cópias vendidas e cerca de 40 mil apresentações ao vivo. Após o sucesso em programas de rádio, a dupla gravou seu primeiro disco em 1944, com o cateretê *Em Vez de me Agradecê*. A consagração nacional veio com a gravação da música *Chico Mineiro*, que tornou Tonico & Tinoco a dupla mais famosa do Brasil. Em 61 eles estreiam no cinema com o filme *Lá no Meu Sertão*, de Eduardo Llorente. O disco *Coração do Brasil*, de 1994, marca o último trabalho da dupla.

• **ROBERTO LEAL** (1951 –), nome artístico de Antonio Joaquim Fernandes, cantor português emigrado para o Brasil ainda criança, obteve grande sucesso popular ao gravar e difundir músicas portuguesas em nosso país. Em 2014 alcançou a marca de 50 discos gravados.

• **ERNST LUBITSCH** (1892 – 1947), ator e diretor alemão, iniciou sua carreira no teatro e no cinema germânicos, radicando-se nos EUA no início dos anos 20. Especialista em comédias sofisticadas com algum toque de malícia, dirigiu 76 filmes incluindo curtas e longas.

• **LENI RIEFENSTAHL** (1902 – 2003), atriz, fotógrafa e cineasta alemã de grande rigor estético, sua carreira foi marcada por ter sido a documentarista oficial de Adolph Hitler. Dirigiu oito filmes, sete deles documentários até hoje reverenciados, como *Olympia*, sobre os Jogos Olímpicos de 1936. *Triunfo da Vontade* (*Triumph des Willens*) foi lançado em vídeo no Brasil pela Reserva Especial.

• **JOHN WOO**, é o nome artístico internacional de Wú Yusen (1946 –), cineasta chinês especializado em filmes de ação e artes marciais. Iniciou sua carreira em Hong Kong, onde rodou dezenas de filmes que influenciaram cineastas em todo mundo pela violência estilizada de produções como *Alvo Duplo* e *Bala na Cabeça*. Em Hollywood realizou obras como *A Outra Face* e *Missão Impossível 2*.

• Li Lianji é o nome de nascimento de **JET LI** (1963 –), ator e pentacampeão chinês da arte marcial wushu. Nascido em Pequim, atuou em vários filmes em seu país, onde tornou-se um grande ídolo popular. Depois de trabalhar no filme *Máquina Mortífera 4*, alterna sua carreira entre filmes orientais e ocidentais. Já atuou em mais de 40 longas.

Ernst Lubitsch (*acima*) e Leni Riefenstahl (*à direita*): cineastas alemães que tiveram filmes lançados em vídeo no Brasil pela Reserva Especial.

um filme baseado no seu romance, *Maíra*, que foi lançado no Brasil em 1976, ano de seu retorno ao País depois de 12 anos de exílio.

Também conversei com o Ruy Guerra, o meu diretor preferido para realizar o filme, que tinha possibilidade de ser uma co-produção italiana, pois a primeira sequência se passaria no Vaticano. Infelizmente, uma das crises econômicas costumeiras do Brasil nos impediu de concretizar o projeto.

VOCÊ TAMBÉM FOI UM DOS PIONEIROS NO MERCADO DE VÍDEO NO BRASIL...
Sim! Depois de uma breve experiência na TV Direta, de Lemos Britto, produzindo documentários e vídeos institucionais, reencontrei-me com Raele, e montamos a Reserva Especial Vídeo, produtora e distribuidora de filmes e vídeos em VHS. Eu já tinha os meus próprios filmes para distribuir, e isso foi o meu começo nesse novo segmento. Depois distribuí filmes de Teixeirinha, Tonico e Tinoco, Roberto Leal, Ernest Lubitsch, Leni Riefenstahl, vários clássicos, filmes de ação do John Woo, artes marciais com Jet Li e Jackie Chan, títulos brasileiros como *Fuscão Preto* e *Amor, Estranho Amor*, ambos com a Xuxa, e todos os filmes de Mazzaropi; só títulos de forte apelo.

ALÉM DE FILMES, A RESERVA ESPECIAL LANÇAVA DISCOS TAMBÉM.
Criamos dentro da Reserva Especial um selo chamado Inter Movies CD, especialmente para lançar produções fonográficas. Contratei Tony Campello para cuidar desta operação. Lançamos discos maravilhosos, desde clássicos – que tinham muita saída em lojas especializadas da época, como Hi-Fi, Breno Rossi, Bruno Blois –, jazz como Billie Holliday e Cab Calloway, sucessos musicais de Mazzaropi.

A RESERVA TEVE UMA PARTICIPAÇÃO FUNDAMENTAL NA CONSOLIDAÇÃO DO MERCADO DE VÍDEO DOMÉSTICO BRASILEIRO, NÃO FOI?
Sim, lançamos muitos títulos importantes, de segmentos que na maioria das vezes não eram explorados pelas distribuidoras mais comerciais. Mas uma das ações mais importantes de mercado que eu participei foi ter sido o responsável pelo marketing da primeira edição da Vídeo Trade Show.

- **JACKIE CHAN** (1954 –) é o nome artístico internacional de Chan Kong-Sang, ator, produtor, roteirista, coreógrafo e diretor de cinema chinês de grande sucesso em todo o mundo. Conhecido por dispensar a utilização de dublês, seu estilo de luta inclui a utilização dos mais diversos objetos de cena durante seus embates, incluindo portas de armários, luminárias e cadeiras. Já dirigiu quase 20 longas e atou em mais de 120 filmes, somando chineses e norte-americanos.
- **TONY CAMPELLO** (1936 –), nome artístico de Sérgio Beneli Campelo, cantor e produtor musical. Nos anos 50 e 60, gravou discos junto com a irmã, a também cantora Celly Campello. Em meados dos anos 70, dirigiu a gravação do disco *O Menino da Porteira*, com Sérgio Reis.
- Eleanora Fagan Gough (1915 –1959), conhecida como **BILLIE HOLIDAY**, é tida por muitos especialistas como a maior cantora de jazz de todos os tempos. De infância de extrema pobreza, foi prostituta, nunca teve educação formal, e começou cantando em bares do Harlem, em Nova York. Cantou com as melhores orquestras e big bands de sua época, mas viciou-se em álcool e drogas que a levaram à morte prematura.
- Cabell **CAB CALLOWAY** III (1907 – 1994), ou Cab Calloway, cantor, ator, dançarino e band leader, popularizou-se por seu estilo forte e energético de se apresentar. Um de seus maiores sucessos, *Minnie the Moocher*, foi imortalizado nos desenhos animados de Betty Boop. Presente em cerca de 20 filmes e seriados de TV.
- **CYRO DEL NERO** (1931 – 2010), artista plástico, diretor de arte, professor, empresário e um dos mais conceituados cenógrafos de teatro e televisão do Brasil, com trabalhos realizados em todas as grandes emissoras do país. Nos anos 70, na Globo, criou logotipos e aberturas de novelas e programas inesquecíveis, como *Irmãos Coragem*, *Carinhoso* e *Fantástico*. Trabalhou também no Teatro Nacional Grego, em Atenas, e manteve por vários anos um programa diário na Rádio Cultura denominado *A Celebração do Dia*. Publicou cinco livros.
- **LÍRIO PARISOTTO** (1953 –), empresário de sucesso brasileiro que tem seu nome na lista dos mais ricos da *Forbes*. De origem humilde, começou em 1980 com a Audiolar, primeiro vídeo clube de Caxias do Sul, e oito anos depois funda a Videolar, empresa que se torna referência no segmento de vídeo. Passou a se dedicar ao mercado de ações, onde ampliou sua fortuna. Foi um dos produtores do filme *O Menino da Porteira*.
- **EZRA** Weston Loomis **POUND** (1885 – 1972), poeta, músico e crítico literário americano, uma das mais importantes personalidades do movimento modernista que revolucionou a poesia no início do século 20. Foi o principal mentor do movimento conhecido como Imagismo, que defendia o uso da linguagem coloquial e a quebra da métrica na poesia.

Vários filmes do astro das artes-marciais, Jackie Chan (*acima*), foram lançados no Brasil em vídeo pela empresa de Moracy do Val, que também lançou Cab Calloway.

O QUE FOI A VIDEO TRADE SHOW?

Foi a primeira feira do mercado de entretenimento doméstico, realizada num momento muito importante, quando o segmento se profissionalizava. Ela aconteceu no Anhembi, em São Paulo, de 4 a 9 de março de 1988, fruto da visão do artista plástico e cenógrafo Cyro Del Nero, e dos empresários J. D'Ávilla e Gilberto Silva. Ela foi um marco no mercado. (*Leia entrevista sobre o evento a partir da página 177*)

QUAL ERA A SUA FUNÇÃO NESTE EMPREENDIMENTO?

Além de ser o responsável por todo o Marketing da Video Trade Show, eu e meu sócio Raele também comercializávamos os espaços da feira, os estandes. Vendeu como água, foi um grande sucesso! O VHS deu muito certo, na época, mas a pirataria e a inadimplência das locadoras acabaram derrubando o negócio.

E MESMO ASSIM VOCÊ VOLTA A PRODUZIR CINEMA COM A REFILMAGEM DE O MENINO DA PORTEIRA.

Sim, motivados pelo fato de São Paulo ter um contingente muito grande de pessoas do interior e de nordestinos morando aqui, refiz a parceria com Jeremias Moreira e, juntos, ele na direção e eu na produção, refizemos o filme, desta vez com o cantor Daniel no papel principal, e com apoios fundamentais de Lírio Parisotto, da Videolar, e da produtora Tatiana Quintella, uma das idealizadoras do Pólo Cultural Cinematográfico de Paulínia.

A trilha sonora da refilmagem de *O Menino da Porteira*, com Daniel, que Moracy produziu, foi lançada em 2009, juntamente com o filme.

QUAL O BALANÇO GERAL, MORACY?

Primeiro, uma frustração: não ter produzido o filme sobre os *Secos & Molhados*, que o Person ia dirigir. Nesta área de produção há muitas histórias de sucesso e de fracasso. Ganha-se e perde-se muito dinheiro. A vida é assim. O que vale é o processo. O importante é fazer, em lugar de não fazer. E isto, como disse Ezra Pound, não é vaidade.

Moracy do Val (primeiro à esquerda, sentado) e Oscar Peterson (terceiro, sentado) durante uma entrevista coletiva em São Paulo.

Capitulo 5

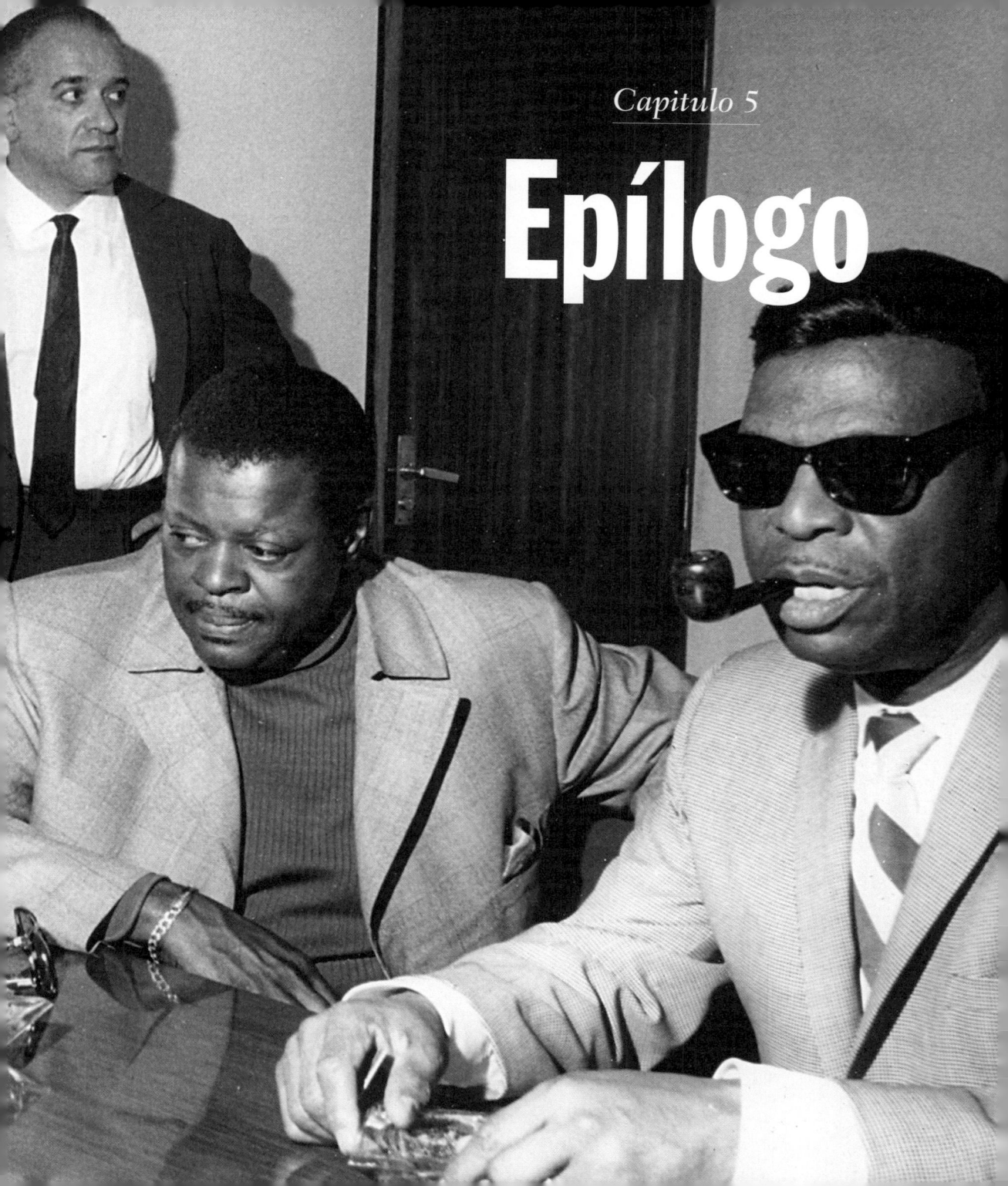

Epílogo

MOZARTEUM ARGENTINO
RODRIGUEZ PEÑA 1882 - 2º B - T.E. 44 - 4936
BUENOS AIRES

Repertorio a interpretar por la Orquesta de

DUKE ELLINGTON

- ✗ Take The A-Train
- ✗ La Plus Belle Affricaine
- Happy Reunion
- Cottontail
- ✗ Meditation (piano)
- Tone Parallel to Harlem
- Soch Sweet Thunder
- ✗ Salome
- Prelude to a Kiss
- Five O'clock Drag
- Misty
- ✗ It dont Mean a Thing if it ain't got aswing (this h Watking)
- Satin Doll
- Medley ⎧ Black + Tan Fantast
-        ⎨ Cocola Love Cann
-        ⎩ The Morche
- Tootie for Cootie
- Flamingo
- ✗ I'm Beginning to Sea the Light
- ✗ Chelsea Bridge
- ✗ Diminuendo in Blue + Blow by Blow *crescendo*

DUKE ELLINGTON INÉDITO E EXCLUSIVO

Entrevista concedida a Moracy do Val

Em 1968, Duke Ellington esteve no Brasil e concedeu uma entrevista exclusiva a Moracy do Val, que jamais chegou a ser publicada. Ele era repórter e colunista do jornal *Última Hora*, e anotou as respostas num papel timbrado do Mozarteum Argentino no qual constava datilografado o repertório que o músico e sua orquestra iria interpretar no show (*reprodução na página ao lado*). Este rápido ping-pong é uma verdadeira lacuna editorial agora preenchida:

DEFINA SOUL.
É uma palavra com vários significados. Por exemplo, música religiosa. Basicamente, é a música negra.

E A MÚSICA BRASILEIRA?
É um sonho que se tem à distância. Tenta-se alcançar este sonho através da música. E quando se pensa que conseguiu, percebe-se que temos apenas uma parte dele.

FRANK SINATRA?
Fundamental.

TOM JOBIM?
Beautiful!

VOCÊ ACHA QUE A BOSSA NOVA INFLUENCIOU O JAZZ?
Desde 1943 o jazz tem recebido grandes influências, como de Art Tatum, Django Reinhardt e Sidnet Bechet, por exemplo. A palavra jazz é muito genérica. O jazz

> **MORACY VOLTARIA A ENCONTRAR DUKE ELLINGTON NO INÍCIO DOS ANOS 70, NUMA CASA DE SHOWS QUE HAVIA NO ENCONTRO DA AMSTERDAM AVE COM A 119 STREET, NO HARLEM, EM NOVA YORK, ONDE RELEMBRARAM A MEMORÁVEL TEMPORADA DE SHOWS EM SÃO PAULO.**

influenciou e recebe influências. Se a Bossa Nova é Jazz? Não sou autoridade, é difícil estabelecer categorias. O que soa bem é boa música.

QUAL O SEGREDO PARA REUNIR SOLISTAS TÃO BONS EM SUA ORQUESTRA?
Eu tenho o segredo: eu dou o dinheiro e eles se divertem [*risos*].

QUAIS VOCÊ CONSIDERA QUE SEJAM OS MAIORES NOMES DO JAZZ?
Não é possível em poucas linhas citar todas as personalidades importantes. Tem Dizzy Gillespie, Stan Kenton, todos de Dixieland... são muitos...

HARRY CARNEY FALA SOBRE DUKE ELLINGTON

Por ocasião de sua visita ao Brasil, o saxofononista Harry Carney (1916-1974) conversou com Moracy do Val sobre seu trabalho na orquestra de Duke Ellington. O músico concedeu ao jornalista o seguinte depoimento, que permanecia inédito até a edição deste livro:

"Duke Ellington é como um cientista. Sempre experimentando, tentando novas ideias. Ele escreve o que os membros da orquestra têm em mente, e sabe o que cada músico faz de melhor. Ele observa cada músico e gosta de ver a plateia para sentir sua reação. É um verdadeiro líder. Não acredita em proselitismo, respeita os sentimentos do indivíduo, e tem um maravilhoso senso de humor.

É humano, tem um grande sentimento pelas pessoas, gosta de conversar, enfim, gosta mesmo de gente. Quando jovem, gostava de sair para conversar com as pessoas. E tem uma energia surpreendente".

Harry Carney toca no Aquarium, em Nova York, em Novembro de 1946

Na edição de número 375, de setembro de 2006, a revista *Playboy* fez uma seleção dos 50 melhores discos da música brasileira: "a lista definitiva com o que você realmente precisa ouvir", afirma o texto. E deu **SECOS & MOLHADOS** no 1° lugar, ultrapassando ícones da música como Tim Maia e Roberto Carlos. Incontestável! Ao lado, a icônica capa do primeiro LP *dos Secos & Molhados*.

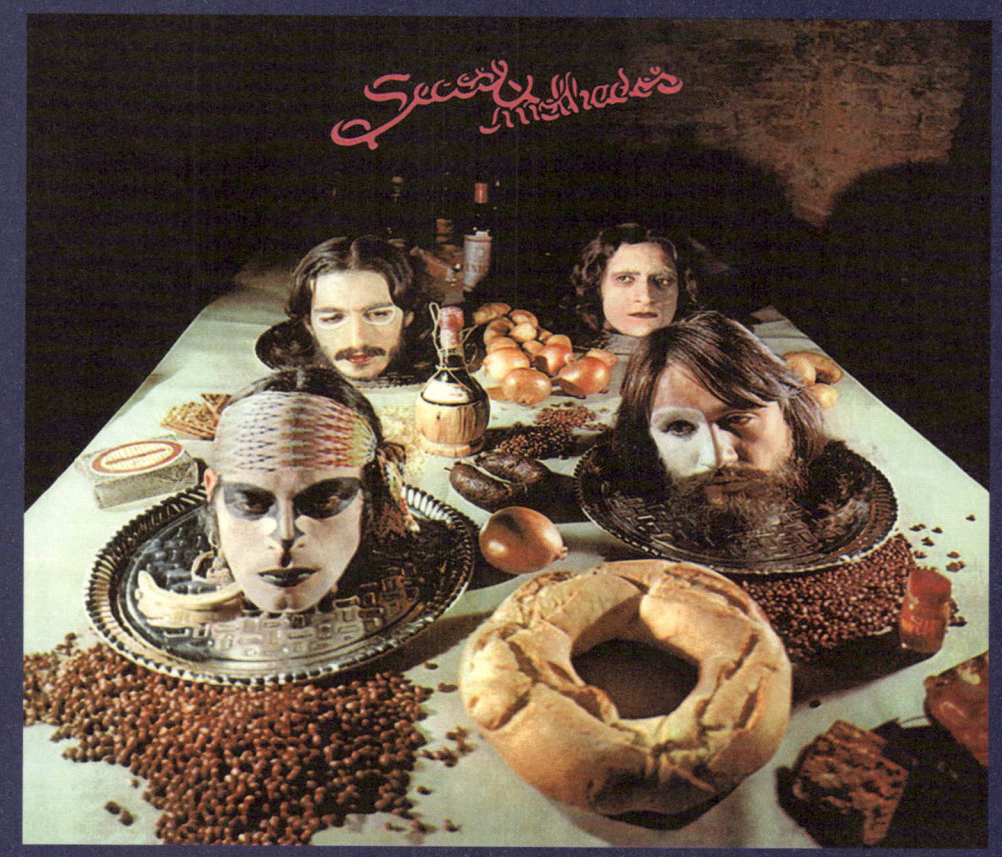

CURTISOM

Distribuição Gratuita

ANO 2 — N.º 15 — DEZEMBRO 1973

Quando o grupo *Secos & Molhados* caiu nas mãos do Moracy do Val, ele era o editor da *Curtisom*, publicação promocional da gravadora Continental que era distribuída no mercado musical. Em dezembro de 1973, a banda foi capa do jornal.

LOBO BOBO
Ronaldo Boscoli

A quem interessar possa

Não sei até onde seja pretensão julgar-me «pessoa importante», julgar exclusivamente meu o sobrenome Bôscoli. Mesmo no caso, uma ocorrência policial. Dá-se que uma mulher que se diz ex-atriz e que traficava maconha em Merití possua na «famosa lista de gente famosa», entre alguns, meu sobrenome: Bôscoli – S. Conrado. Como cliente de... imaginem: fumo. Fumo do brabo, tanto pela piada de mau gosto desta pobre infeliz envergonhando o sobrenome de Vila Isabel: "Quatro Séculos de Paixão". Será mostrado sábado na quadra da casa. ● Hoje tem "Golspell"? Tem sim senhor. Num circo de Botafogo. Parabéns, Moracy do Val. ● Antonio Marcos assina com a RCA. Um dos itens: financiamento para ele apresentar um show no Rio, no máximo. ● E Martinho embarca para a Europa levando mais um disco de ouro na bagagem: 200 mil vendidos. ● Chico no cinema? É o que informa o "realese" da Globo: Chico Buarque ao lado de Dina Sfat e Mário Lago. Direção de Alex Vianny. ● Pois é: Gracindo Junior casou com Debora Duarte. Em casa diferente, Sonia Mamede espera neném. Estádiante de uma aldeia Global? ● Roberto

Cena do espetáculo *Godspell*, que Moracy do Val produziu num de seus circos, em Botafogo, no Rio de Janeiro. Em sua coluna *Lobo Bobo*, de 30 de julho de 1974, na *Última Hora* (*recorte à esquerda*), Ronaldo Bôscoli parabeniza Moracy pela ousadia. Já em 1966, ele também ousava, ao produzir o primeiro disco de Jorge Mautner: um compacto que falava da bomba atômica em *Radioatividade/Não, Não, Não*.

Durante o histórico show no Maracanãzinho, no Rio de Janeiro, houve um princípio de tumulto quando a polícia chefiada pelo coronel Ardovino, invadiu o ginásio para conter o excesso de pessoas. O incidente foi relatado por Paulo Mendonça no livro *Ney Matogrosso – Um Cara Meio Estranho*. "Na mesma hora, Ney interrompeu a música e disse com a maior convicção: 'Vamos parar com essa merda. Porra, deixa os caras ficarem aí!' Fez-se o maior silêncio, seguido de um mal-estar geral, mas acho que o Ney ganhou a confiança, a admiração e o respeito de todas as pessoas (...). Não era qualquer um que falava com um coronel da PM daquela maneira."

S.P.P.S. - PRODUÇÕES ARTÍSTICAS   FLS. 19

RESUMO FINAL DO MOVIMENTO CONTÁBIL REF. PERÍODO 10/01 a 18/04/74

TOTAL DA RECEITA BRUTA APURADA NO PERÍODO ACIMA...   1.218.993,70
TOTAL DAS DESPESAS EFETUADAS NO PERÍODO ACIMA.....   680.644,50
           LUCRO LÍQUIDO APURADO 538.349,20

DISTRIBUIÇÃO DO RESULTADO APURADO

GERSON CONRRADI
    Seu haver ref. 1/4 lucro líquido do período.....   134.587,30
    Suas retiradas em vales conf. fôlha nº 01Z.....   100.967,90
           SALDO A RECEBER N/DATA......   33.619,40

NEY DE SOUZA PEREIRA
    Seu haver ref. 1/4 lucro líquido do período.....   134.587,30
    Suas retiradas em vales conf. fôlha nº 17 .....   98.582,50
           SALDO A RECEBER N/DATA......   36.004,80

JOÃO RICARDO
    Seu haver ref. 1/4 lucro líquido do período.....   134.587,30
    Suas retiradas em vales conf. fôlha nº 18......   221.488,10
           DEFICIT A ACERTAR..........   (86.900,80)

MORACY DO VAL
    Seu haver ref. 1/4 lucro líquido do período.....   134.587,30
    Suas retirdas em vales em......................   117.310,70
           SALDO A RECEBER N/DATA...   17.276,60

=X=X=X=X=X=X=X=X=X=X=X=X=

GERSON CONRRADI - seu haver n/data..... 33.619,40
NEY DE S.PEREIRA- Idem,   Idem.....   36.004,80
MORACY DO VAL   - Idem,   Idem.....   17.276,60
JOÃO RICARDO   - Saldo a acertar 86.900,80
                                         86.900,80   86.900,80

O portador tem livre acesso em qualquer dependência onde estiver se apresentando o conjunto Secos & Molhados ou qualquer promoção da firma SPPS PRODUÇÕES ARTÍSTICAS LTDA.

Moracy Val
diretor

Um dos inúmeros documentos contábeis da época em que Moracy do Val empresariava e produzia os *Secos & Molhados*. Neste resumo do movimento fiscal referente ao período de 10 de janeiro a 18 de abril de 1974, vê-se como o lucro do período foi dividido equitativamente entre os quatro sócios, embora João Ricardo tenha realizado mais gastos do que o valor que deveria receber. Acima, um cartão assinado por Moracy, que dava direito ao seu possuidor de circular livremente na área onde os *Secos & Molhados* se apresentassem.

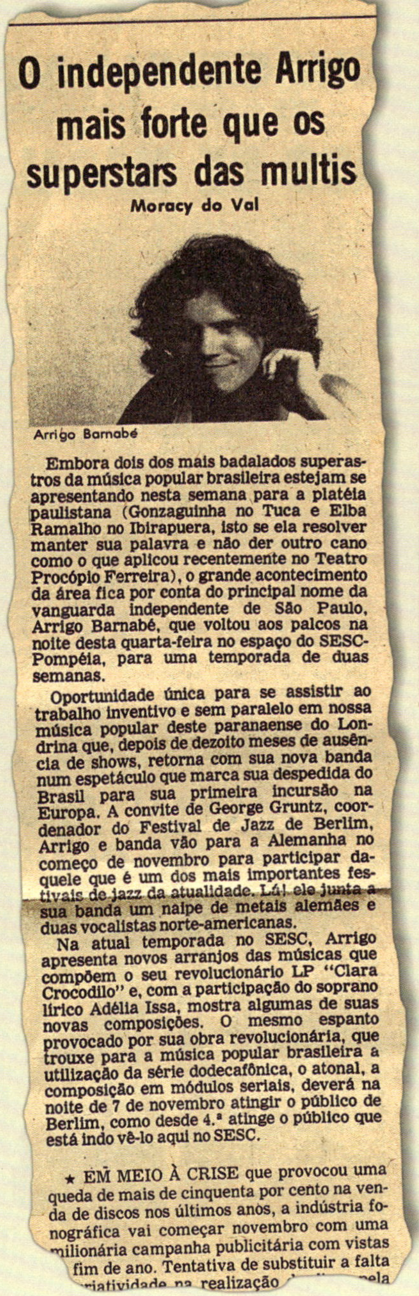

O independente Arrigo mais forte que os superstars das multis

Moracy do Val

Embora dois dos mais badalados superastros da música popular brasileira estejam se apresentando nesta semana para a platéia paulistana (Gonzaguinha no Tuca e Elba Ramalho no Ibirapuera, isto se ela resolver manter sua palavra e não der outro cano como o que aplicou recentemente no Teatro Procópio Ferreira), o grande acontecimento da área fica por conta do principal nome da vanguarda independente de São Paulo, Arrigo Barnabé, que voltou aos palcos na noite desta quarta-feira no espaço do SESC-Pompéia, para uma temporada de duas semanas.

Oportunidade única para se assistir ao trabalho inventivo e sem paralelo em nossa música popular deste paranaense do Londrina que, depois de dezoito meses de ausência de shows, retorna com sua nova banda num espetáculo que marca sua despedida do Brasil para sua primeira incursão na Europa. A convite de George Gruntz, coordenador do Festival de Jazz de Berlim, Arrigo e banda vão para a Alemanha no começo de novembro para participar daquele que é um dos mais importantes festivais de jazz da atualidade. Lá! ele junta a sua banda um naipe de metais alemães e duas vocalistas norte-americanas.

Na atual temporada no SESC, Arrigo apresenta novos arranjos das músicas que compõem o seu revolucionário LP "Clara Crocodilo" e, com a participação do soprano lírico Adélia Issa, mostra algumas de suas novas composições. O mesmo espanto provocado por sua obra revolucionária, que trouxe para a música popular brasileira a utilização da série dodecafônica, o atonal, a composição em módulos seriais, deverá na noite de 7 de novembro atingir o público de Berlim, como desde 4.ª atinge o público que está indo vê-lo aqui no SESC.

★ EM MEIO À CRISE que provocou uma queda de mais de cinquenta por cento na venda de discos nos últimos anos, a indústria fonográfica vai começar novembro com uma milionária campanha publicitária com vistas fim de ano. Tentativa de substituir a falta

---

Sempre ousado e com uma visão à frente de seu tempo, Moracy do Val, em parceria com Carlos Tavares, reuniu num show três grandes nomes da música: Adoniran Barbosa, Belchior e Carlinhos Vergueiro. Também lançou a banda Moto Perpétuo e produziu com Júlio Calasso, o show dos Novos Baianos.

O folheto da Continental comemora a liderança em vendas do LP dos *Secos & Molhados*. No recorte, Moracy do Val escreve sobre o retorno aos palcos paulistanos de Arrigo Barnabé, publicado no *Notícias Populares* de 16 de outubro de 1982. Abaixo, um panfleto de divulgação do show de Arrigo Barnabé e Banda Sabor de Veneno, que Moracy produziu.

Agostinho dos Santos e Walter Santos são dois artistas que compareceram ontem ao coquetel no qual o CAMJA anunciou seu programa de samba e jazz.

Samba e jazz no Municipal

"Cinquenta anos de samba e jazz" vai contar toda a história dos gêneros: origem, nascimento, evolução, tendências até hoje, num grande "show", no Teatro Municipal, dia 24, promovido pelo CAMJA — Clube dos Amigos do Jazz. Ontem houve até um coquetel na sede da entidade para anunciá-lo.

O espetáculo terá, no seu início, uma apresentação geral da música negra na África e, a seguir, mostrará todas as épocas do jazz nos Estados Unidos e do samba no Brasil, paralelamente. Depois de focalizar a origem com os dois gêneros, na África, as distintas evoluções e influências que cada um teve em cada país, abordará sua situação hoje; depois de terem permanecido completamente isolados um do outro, passam agora por uma época de influências recíprocas.

O "show" será gravado em fita pela Televisão Excelsior, mas todo o lucro que der será revertido ao CAMJA, para construção de sua sede própria, tanto com a venda das entradas no Municipal como com a distribuição da gravação em televisões de outros Estados.

A produção será de Moracy do Val, daquela TV; o "script" será de Giuseppe Suppa, Luís Vergueiro e do próprio Moracy; a direção musical de Guerra Peixe e a coordenação geral de Ismael Campiglia, presidente do CAMJA.

SAMBA

Quem explica como será o espetáculo, na parte de samba é Moracy do Val:

— Mostrará desde o samba dos "Tempos Heroicos", quando houve a fixação do maxixe e surgiu, nas reuniões da Tia Ciata — onde se encontravam com frequência Pixinguinha, Donga, Sinhô e outros — o primeiro samba: "Pelo telefone", gravado em 1917. A primeira estrofe desse samba é assim: "O chefe da polícia / pelo telefone /mandou me avisar que na carioca/ tem uma roleta para se jogar". A seguir virá a outra fase, da década de 30, com Noel Rosa, Ari Barroso e outros. Depois, o samba da época de 40, os sambas de exaltação. E o espetáculo prosegue passando pelos precursores da "bossa nova" — Dick Farney, Johnny Alf — a seguir fixada por João Gilberto, Tom Jobim, Nilton Mendonça e Vinícius de Moraes e vem à fase atual de Vandré, Chico Buarque, Caetano Veloso e Milton Nascimento.

JAZZ

Em seguida, quem fala do espetáculo é Giuseppe Supra, referindo-se ao jazz:

— Também mostrará o seu nascimento, desde o início, quando no fim do século passado apareceu como forma de espetáculo musical, após a emancipação do negro. Mas, o jazz somente foi ter sua forma orquestral no começo deste século, na cidade de New Orleans. Por volta de 1912 tem início a peregrinação dos músicos de jazz para Chicago, California, e até viagens pela Europa, quando há uma universalidade da música. E o jazz vai se identificando com as diversas formas de vida de cada época. Em 1920 a humanidade só tinha um desejo: divertir-se. E o jazz servia como matéria musical para exprimir essa forma de vida, época do "Charleston", cuja instrumentação e ritmo são do próprio jazz. Mais tarde, os músicos passaram a tocar qualquer forma para agradar o público. Era a comercialização, por meio do rádio e do cinema. Então, um grupo de músicos de New Orleans passou a tocar uma música livre, como protesto. Com isso foram abertos novos caminhos que culminaram no jazz moderno.

O preço dos ingressos para esse espetáculo irá de NCr$ 3,00 (Galeria) a NCr$ 25,00, poltrona. Poderão ser adquiridos a partir da próxima semana no T. Municipal e na sede do CAMJA, na rua Antilhas, 10.

Mais uma produção inovadora de Moracy do Val foi notícia no jornal *O Estado de S.Paulo*, no dia 6 de março de 1968: de acordo com o texto, cinquenta anos de samba e jazz seriam lembrados num espetáculo no Theatro Municipal de São Paulo. Segundo a matéria, o show seria gravado pela TV Excelsior e mostraria "todas as épocas do jazz nos Estados Unidos, e do samba, no Brasil".

BACHAREIS EM DIREITO 1960

UNIVERSIDADE DE SÃO PAULO

No fim de 2015, quando viu o esboço final do projeto deste livro, o músico Diógenes Burani Filho, ex-baterista da banda Moto Perpétuo, deixou a seguinte mensagem para Moracy do Val:
"É o antes de tudo, o depois de tudo e o porvir...
Um ser protagonista do seu próprio existir. Irreverente,
irrequieto, indomável, tanto no jornalismo quanto em
todas as suas visionárias produções culturais, de todas
as artes que empreende, pelo simples fato de fazer arte
pela arte. Um artista pleno. O meu amigo de vero."
Diógenes faleceu em abril de 2017.

Moracy do Val cursou Direito na USP: "Na época, como não havia escolas de comunicação, quem tinha alguma inclinação para a poesia, para a escrita, acabava cursando Direito, Letras ou Filosofia."

Dois momentos memoráveis: acima, com o seu amigo, o jornalista e apresentador de televisão, Goulart de Andrade, que faleceu em agosto de 2016. Ao lado, em novembro de 2015, com o escritor Raduan Nassar, ganhador do Prêmio Camões em 2016.

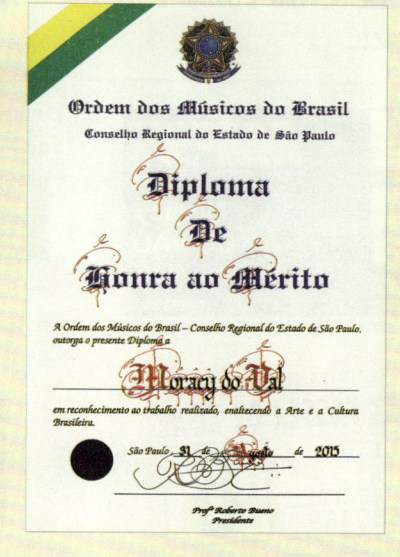

Em setembro de 1980, a Secretaria de Estado de Relações do Trabalho concedeu a Moracy do Val o Diploma de Honra ao Mérito no mês dedicado à Comunicação. E em agosto de 2015, ele recebeu seu segundo Diploma, desta vez da Ordem dos Músicos do Brasil, em reconhecimento ao seu trabalho, sempre enaltecendo a arte e a cultura do país.

No auge do mercado de vídeo, ainda no tempo dos VHS, Moracy do Val participou de inúmeros festivais e feiras internacionais nas quais fechava contratos para lançar filmes no Brasil através de sua empresa. Acima, ele aparece em frente ao pavilhão do Festival de Cannes; à esquerda, em Veneza. À direita, alguns dos crachás que ele usou nesses eventos. Abaixo, o estande da Reserva Especial na I Video Trade Show.

VIDEO TRADE SHOW ENTREVISTA

QUEM É QUEM

Entrevista concedida por Moracy do Val por ocasião da I Vídeo Trade Show, feira que mudou os rumos do mercado de vídeo doméstico no Brasil, nos anos 80. Transcrita do *Vídeo Trade Jornal*.

Ligado ao show-business desde o tempo em que estudava Direito no largo São Francisco, quando participou da criação do Teatro Oficina, Moracy do Val tem acertado nas suas investidas profissionais. Entre as várias atividades que exerceu — ator, crítico de teatro, cinema e televisão, produtor de espetáculos, ele chegou a marcar a história da cultura brasileira.

Responsável, juntamente com Antonio Carlos Reale pela produção do filme *O Menino da Porteira* e vários outros, Moracy acreditou na música sertaneja quando ninguém ousava investir nela. O filme bateu recordes de bilheteria com 5 milhões de espectadores em todo o País — para se ter uma ideia, hoje, um filme dos Trapalhões atinge cerca de 3 milhões de espectadores. Moracy foi responsável pelo lançamento de artistas como Ary Toledo, Guilherme Arantes, Arrigo Barnabé e sobretudo pelo fenômeno *Secos & Molhados*, uma verdadeira revolução do showbiz brasileiro.

O bom êxito comercial de uma iniciativa empresarial depende dos estudos e estratégias de lançamento e sustentação do produto, ou serviço, a ser lançado no mercado consumidor. Em outras palavras, ou melhor, em uma só palavra, isso quer dizer "marketing". Desde que os americanos criaram o conceito de marketing – que em português quer dizer mercadologia embora ninguém ouse pronunciar a palavra em nossa língua pátria – toda empresa que se preze, antes de lançar qualquer produto, consulta seu "homem de marketing". Nesta edição do *Vídeo Trade Jornal* você vai conhecer o profissional escolhido pela JCG para responder pelo setor de marketing da I Video Trade Show: Moracy do Val.

VT Jornal: Sua atuação no show-business brasileiro é marcada por inovações e sucessos. De tudo o que você realizou até hoje, o que você considera o trabalho mais importante, mais significativo?

Moracy – Todos os trabalhos foram importantes, mas acredito que com *Secos & Molhados* nós revolucionamos o showbiz brasileiro, com um marketing que envolveu todo o país. Fui o primeiro produtor a reunir público de mais de 60 mil pessoas para um show de música, quando ninguém acreditava nessa possibilidade. Por outro lado destaco também a produção do filme *O Menino da Porteira* e todo o marketing de lançamento, porque conseguimos resgatar uma cultura que estava colocada quase que no lixo, a cultura caipira.

VTJ: Como surgiu seu relacionamento com o vídeo e a possibilidade deste trabalho de marketing para o I Video Trade Show?

Moracy – Venho do cinema e da televisão e naturalmente o home vídeo sempre esteve no meu campo de interesse. Por outro lado já tinha feito trabalhos com o Cyro del Nero. Quando fui convidado, tinha acabado de colaborar na implantação da área de marketing e publicidade de uma distribuidora de vídeo.

VTJ: Você acredita que o vídeo é um mercado de futuro?

Moracy – O avanço tecnológico é irreversível. O vídeo será naturalmente incorporado à vida das pessoas. Há experiências no Brasil em áreas similares, como, por exemplo, na área do disco. Havia o disco 78 rotações, que era dominado por uma gravadora que é hoje a Continental. Com 80% do mercado esta empresa não acreditou que o disco LP fosse pegar, ou seja, que as pessoas fossem substituir seu equipamento de 78 rotações pelo LP. Resultado: em cinco anos a empresa passou de 80% para 10% do mercado fonográfico brasileiro. A implantação da TV a cores no Brasil também foi uma surpresa. Ninguém acreditava que em dois anos a TV preto e branco fosse ser substituída pela colorida. Com o disco-laser vai acontecer a mesma coisa. Quanto ao vídeo-cassete, ele é hoje o segundo bem durável mais desejado pela classe média e, fatalmente, em pouco tempo, toda a família de classe média terá um video-cassete em casa.

> "OPTAMOS POR UMA FEIRA VARIADA, QUE ENGLOBASSE TODOS OS SETORES DE VÍDEO E A CARACTERIZAMOS COMO UM SHOW, ONDE O VÍDEO É A GRANDE ATRAÇÃO."

VTJ: O que é exatamente o trabalho de marketing de uma feira como a I Video Trade Show?

Moracy – Cyro del Nero, J.Dávila e Gilberto Silva quando decidiram criar uma grande feira de vídeo no País tomaram uma decisão acertada de marketing. O mercado estava numa fase que exigia uma mostra como a que estamos fazendo. Nós sentimos que o mercado de vídeo estava precisando da Video Trade Show. E optamos por uma feira variada, que englobasse todos os setores de vídeo e a caracterizamos como um show, onde o vídeo é a grande atração em todos os sentidos. O marketing, praticamente, foi unir os vários segmentos do mercado. Eu acho que o grande marketing da feira foi justamente pensar em conjunto e colocar todo o mundo como aliado, todos no mesmo barco. A I Video Trade Show vai mostrar que todos os setores do mercado de vídeo estão juntos com o mesmo objetivo, o de fortalecer e desenvolver o mercado brasileiro, que ainda está engatinhando. Nós temos hoje cerca de 3 milhões de aparelhos de vídeo-cassete no Brasil, e um potencial de dez milhões de consumidores. Sabemos que dentro de dois ou três anos, este número vai dobrar, além do que ainda não chegamos na fase do consumidor final. Hoje o mercado ainda está voltado principalmente para as videolocadoras. A feira vai abrir este espaço também. Vai se dirigir também para o consumidor final, que dentro de pouco tempo também estará montando sua videoteca e aprendendo a usar o vídeo de maneira mais completa. Como resultado as tiragens das distribuidoras serão multiplicadas e os empresários de videolocação passarão também para a condição de revendedores para o consumidor final.

> "AS TIRAGENS DAS DISTRIBUIDORAS SERÃO MULTIPLICADAS E OS EMPRESÁRIOS DE VIDEOLOCAÇÃO PASSARÃO TAMBÉM PARA A CONDIÇÃO DE REVENDEDORES PARA O CONSUMIDOR FINAL."

VTJ: ALÉM DE SUA RESPONSABILIDADE PELO MARKETING DA FEIRA, VOCÊ FAZ VENDAS.
Moracy – O Raele e eu também cuidamos da comercialização. É interessante notar que houve uma adesão quase que total por parte dos empresários do setor. Todos querem estar presente e participando ativamente, pois o mercado, além de estar numa fase de transição, onde a legalização deverá prevalecer, é um mercado que só tende ao crescimento. O mercado de vídeo está se profissionalizando e a I Video Trade Show vai colaborar pra isso.

A feira é sobretudo uma feira de negócios, de compra e venda com pronta entrega, mas não deixará de ser também um congraçamento entre todos os setores do vídeo.

> "O show biz é o mito. O mito é o básico para fazer sucesso."
> Moracy do Val

Índice Remissivo

Abelardo Figueiredo	**148**	Beat Generation	**78**
Acordo MEC-USAID	**30**	Beatles	**42**
Ademar de Barros	**34**	Belmonte	**24**
Adones de Oliveira	**60**	Benedito Ruy Barbosa	**32**
Adylson Godoy	**68**	Betina Viany	**82**
Agatha Christie	**42**	Bibi Ferreira	**58**
Agostinho dos Santos	**44**	Billie Holiday	**160**
Airto Moreira	**38**	Boni	**50**
Aírton Rodrigues	**78**	Bossa Nova	**40**
Alaíde Costa	**68**	Cab Calloway	**160**
Alex Viany	**82**	Cacilda Becker	**50**
Altair Lima	**62**	Caetano Veloso	**36**
Álvaro de Moya	**56**	Carlos Imperial	**40**
Amilson Godoy	**68**	Carlos Lyra	**68**
Amir Haddad	**24**	Carlos Queiroz Telles	**26**
Ana Paula Rossi Braga	**98**	Casei-me com uma Feiticeira	**22**
Aninha Braga	**142**	Celso Luiz Paulini	**150**
Ankito	**144**	César Camargo Mariano	**68**
Antônio Fagundes	**142**	Chacrinha	**34**
Antonio Gades	**142**	Chico Buarque	**48**
Antônio Marcos	**156**	Chico de Assis	**70**
Antônio Maria	**142**	Cinema Novo	**64**
Antônio Torres	**32**	Cinema Paradiso	**22**
Aracy Cortes	**138**	Ciro Bassini	**42**
Arapuã	**32**	Clarice Herzog	**44**
Armando Bógus	**50**	Clementina de Jesus	**138**
Armindo Blanco	**52**	Cyro Del Nero	**160**
Ary Toledo	**70**	Daniel	**154**
Astor Piazzolla	**96**	Darcy Ribeiro	**156**
Astrud Gilberto	**61**	Décio de Almeida Prado	**50**
Baden Powell	**66**	Dercy Gonçalves	**60**
Barry McGuire	**150**	Dina Lisboa	**42**

Diógenes Burani	174	Glória Menezes	62
Dolores Duran	142	Graça Mello	42
Duke Ellington	138	Guilherme Arantes	98
Earl "Fatha" Hines	138	Herbert Levy	64
Edmundo Monteiro	52	Hermínio Bello de Carvalho	138
Ednardo	48	Hilton Vianna	60
Edson Leite	36	Ignácio de Loyola Brandão	32
Edu Lobo	48	Império Submarino	22
Eduardo Araújo	40	Ingmar Bergman	62
Egídio Eccio	42	Ipojucan Lins de Araújo	24
Elis Regina	146	Irene Ravache	42
Erasmo Carlos	40	Italo Rossi	142
Ernst Lubitsch	158	Jabá	86
Etty Fraser	26	Jackie Chan	160
Ezra Pound	160	Jair Rodrigues	146
Faria Lima	34	Jean Mellé	64
Fernando de Barros	48	Jeremias Moreira	156
Fernando Luiz Vieira de Mello	46	Jet Li	158
Flávio Rangel	24	Jô Soares	70
Fortuna	98	Joana Fomm	42
Francisco Cuoco	62	João Apolinário	76
Francisco Curcio	44	João Gilberto	52
Franco Paulino	66	João Ricardo Pinto	76
Frank Sinatra	86	João Signorelli	148
Fúlvio Stefanini	60	John Lennon	86
Garota de Ipanema	56	John Woo	158
Geraldo Vandré	36	Jorge Mautner	144
Gérson Conrad	76	José Celso Martinez Corrêa	26
Gianfrancesco Guarnieri	156	José Lewgoy	156
Gigetto	60	José Serra	30
Gilberto Gil	36	Jovem Guarda	38
Glauber Rocha	64	Júlio Braga	148

Kadu Moliterno	148		Miucha	56
Kiss	92		Modesto Carone Neto	24
Lauro César Muniz	62		Morgana King	56
Leni Riefenstahl	158		Moto Perpétuo	98
Lenny Bruce	78		Murilo Antunes Alves	44
Léo Canhoto e Robertinho	154		Nara Leão	150
Leônidas da Silva	44		Nelson Pereira dos Santos	64
Lírio Parisotto	160		Nelson Rodrigues	78
Lolita Rodrigues	78		Ney Matogrosso	76
Lucélia Santos	144		Noel Rosa	54
Luís Sérgio Person	92		O Menino da Porteira	24
Manoel Barenbein	70		O Pasquim	98
Manuel Bandeira	92		Orival Pessini	148
Marcelo Frias	78		Os Incríveis	38
Marco Antonio Rocha	30		Os Perigos de Nyoka	22
Marcos Lázaro	146		Os Tambores de Fu Manchu	22
Marcos Roberto	40		Oscar Peterson Trio	138
Maria Bethânia	142		Oswald de Andrade	82
Maria Della Costa	58		Paco de Lucía	146
Marilena Chaui	22		Paulinho da Viola	138
Marília Medaglia	66		Paulinho Nogueira	66
Mário Chamie	24		Paulo César Pereio	154
Mário de Andrade	98		Paulo Coelho	146
Mario Prata	150		Paulo Cotrim	70
Mário Wallace Simonsen	58		Paulo Mendonça	102
Marlon Brando	56		Paulo Pontes	142
Mauricio de Sousa	148		Pedrinho Mattar	68
Mazzaropi	64		Pelé	154
Michelangelo Antonioni	64		Pessoal do Ceará	48
Miele & Bôscoli	146		Pimenta Neves	32
Milton Nascimento	144		Pindorama	22
Miroel Silveira	50		Prestes Maia	32

Procópio Ferreira	62
Raduan Nassar	22
Randal Juliano	148
Raul Seixas	144
Ravi Shankar	138
Reali Júnior	44
Renato Borghi	26
Renato Lombardi	32
Renato Master	42
Richard Lester	96
Roberto Carlos	40
Roberto Leal	158
Roberto Palmari	36
Rodolfo Mayer	62
Ronaldo Daniel	26
Rosa Maria Murtinho	62
Ruth Escobar	76
Ruy Guerra	64
Sá e Guarabyra	46
Sábato Magaldi	50
Salazar	76
Sambalanço Trio	68
Sandro Polônio	58
Sarah Vaughan	138
Sérgio Cardoso	58
Sergio D'Antino	24
Sérgio Reis	154
Sérgio Ricardo	38
Sigmund Freud	78
Silveira Sampaio	44
Silvinha	40
Solano Ribeiro	36
Som Imaginário	144
Tamba Trio	68
Tambores Distantes	22
Tarcísio Meira	60
TBC – Teatro Brasileiro de Comédia	24
Teatro Oficina	26
Teixeirinha	158
Théo de Barros	66
Tom Jobim	82
Tonico & Tinoco	158
Tony Campello	160
Toquinho	66
Tuta	46
UEE – União Estadual dos Estudantes de S.Paulo	30
UNE – União Nacional dos Estudantes	30
Vicente Matheus	144
Vinicius de Moraes	66
Walter Franco	148
Walter Hugo Khouri	62
Walter Silva	46
Wanderley Cardoso	96
Willi Verdaguer	76
Woodstock	92
Xuxa	154
Zarattini	32
Zé Rodrix	46
Zimbo Trio	66
Zuza Homem de Mello	70

Moracy do Val entre amigos num coquetel no Teatro Ruth Escobar.

Como relata a jornalista Léa Penteado na última capa deste livro, Moracy está sempre em movimento, até para tirar uma selfie. Mesmo assim, a foto saiu: o encontro de Francisco Ucha, Léa e o irrequieto biografado. Ao lado, Moracy com o amigo Álvaro de Moya, que viu a prova gráfica do livro e adorou seu conteúdo. Pena que não pôde ver o livro impresso. Moya faleceu em agosto de 2017.

CRÉDITO DAS IMAGENS

Acervo Moracy do Val/Fotos Ary Brandi – 1, 10/11, 72/73, 77, 80, 81, 83, 84, 85, 86 (direita), 89, 93, 94, 100, 110/111, 115, 116, 132/133, 171 (ambas), 181
Fotos de Ary Brandi – 104, 108
Acervo Moracy do Val – 12, 20, 27 (esquerda), 30, 33, 35, 36/37, 39, 41, 43, 49, 53, 55 (direita), 61, 65, 66, 69, 71 (acima), 76, 96, 99, 134/135, 136/137, 139 (acima), 140, 141 (esquerda), 143, 146 (acima), 155 (acima), 157, 162/163, 175 (as duas de baixo), 176 (todas da direita), 187
Acervo Moracy do Val/Foto de Fausto Ivan – 145
Acervo Moracy do Val/Fotos Valdir Silva – 152, 153
Acervo Moracy do Val/Foto Edir Castro – 141 (direita), 170 (acima)
Acervo Moracy do Val/Foto de Fredi Kleeman – 28/29
Acervo Moracy do Val/Foto de Antonio Rodrigues – 192
Acervo Álvaro de Moya – 56 (direita)
Acervo Antonio Torres (www.antoniotorres.com.br) – 32
Acervo Carlos Lyra (www.carloslyra.com) – 70
Acervo Celso Sabadin – 191
Acervo Fabio Siqueira – 147
Acervo Francisco Ucha/Foto Aldo de Luca – 59 (esquerda)
Acervo UH/Arquivo Público do Estado de São Paulo – 34 (esquerda), 59 (direita)
Arquivo Cesar Camargo Mariano – 67 (esquerda)
Cedoc-Funarte – 144 (esquerda)
Desenhos/ilustrações de Francisco Ucha – 27, 34 (direita), 42, 71 (embaixo), 79, 95
Divulgação (Fotos para imprensa) – 17 (acima), 22, 56 (esquerda), 74, 86 (esquerda), 124, 155 (abaixo), 156 (ambas), 158, 159, 160 (ambas)
Domínio público – 78, 138
Instituto Antonio Carlos Jobim/Jobim Music/DR – 82 (embaixo)
Michael Ochs Archives – 92 (direita)
Foto de Francisco Ucha – 139 (abaixo), 148, 188
Foto de James Kriegsmann – 137 (direita)
Foto de Martin Carone dos Santos – 190
Reprodução – 14, 16, 17 (embaixo), 23, 24, 26, 31, 38, 40, 44, 45, 46, 47, 48, 50, 51, 52, 54, 55 (esquerda), 57, 58, 60, 63, 64, 67 (direita), 68, 75, 82 (acima), 88, 90, 91, 92 (esquerda), 98 (ambas), 102, 106, 107, 112, 113, 114, 117, 118, 119, 121, 142, 144 (direita), 146 (abaixo), 150, 151 (ambas), 154, 161, 164, 167 (todas), 168, 169, 170 (as de baixo), 172 (ambas), 173 (todas), 174 (todas), 175 (as duas da direita), 176 (todas da esquerda), 177, 178
Svenska filministitutet – 62
William P. Gottlieb/Library of Congress – 166

FRANCISCO UCHA é jornalista, desenhista, designer gráfico, publicitário. Foi desenhista do jornal *O Globo* entre 1976 e 1991 e diretor de arte do *Jornal dos Sports* em 1982. Foi editor de arte da revista *Soluções*, da Unisys do Brasil, e recebeu o *Top3 de Marketing* do Prêmio IBest em 1999. Atuou por mais de 20 anos na área de home video e cinema em empresas como Globo Vídeo, Herbert Richers, Look Filmes, Reserva Especial e Sato Company, quando lançou em vídeo a cultuada série clássica *National Kid*. Entre 2005 e 2014, foi editor do *Jornal da ABI* em sua melhor fase, juntamente com o jornalista Maurício Azêdo. Em 2006 fez a reforma gráfica do jornal *Folha Dirigida*, do Rio de Janeiro, e em 2009 participou da exposição e do livro *Traços Impertinentes*, uma homenagem de desenhistas ao centenário da Associação Brasileira de Imprensa. Foi o curador da Exposição *Quadrinhos'51* na Escola de Belas Artes de São Paulo em 2012, que homenageou Álvaro de Moya, Jayme Cortez, Rodolfo Zalla, Eugênio Colonnese, entre tantos outros quadrinistas. Em 2015, também fez a curadoria do *Festival Bruce Lee | 75 Anos*, exibido em cinemas de 22 cidades brasileiras. Em 2018 lançou o livro *O Judoka por FHAF*, homenagem ao quadrinista Floriano Hermeto de Almeida Filho e participou da megaexposição *Quadrinhos*, no Museu da Imagem e do Som de São Paulo.

CELSO SABADIN é Mestre em Comunicação pela Universidade Anhembi Morumbi, graduado em Jornalismo pela Faculdade Cásper Líbero e em Publicidade e Propaganda pela Escola Superior de Propaganda e Marketing. É crítico de cinema, professor na Universidade São Judas, curador e escritor. Autor dos livros *Vocês Ainda Não Ouviram Nada – A Barulhenta História do Cinema Mudo* (1997/2000), *Éramos Apenas Paulistas* (2009), *O Cinema como Ofício* (2010) e *História do Cinema para Quem Tem Pressa* (2018). Roteirizou e dirigiu o longa *Mazzaropi* (2013), e roteirizou o curta *Nem Isso* (2015), da obra de Luis Fernando Veríssimo. Corroteirizou o longa documental *Badi Assad* (2018). É sócio fundador da Abraccine – Associação Brasileira de Críticos de Cinema.

AUTORES

Este livro foi editado na Cidade de São Paulo e impresso em papel
Polén Soft 80g/m² na Pallotti Gráfica em maio de 2019.
O texto foi composto com as tipografias Fairfield, Frutiger e Franklin.